中华学人文库

宋代文官制度六题

邓小南 著

重庆出版社

版贸核渝字（2022）第 140 号

图书在版编目（CIP）数据

宋代文官制度六题 / 邓小南著. -- 重庆 : 重庆出版社, 2025. 7. -- ISBN 978-7-229-19571-7

Ⅰ. D691.42

中国国家版本馆CIP数据核字第2025Z4K455号

宋代文官制度六题

SONGDAI WENGUAN ZHIDU LIUTI

邓小南　著

责任编辑：陈劲杉

责任校对：刘　艳

封面设计：L&C Studio

版式设计：侯　建

重庆出版社 **出版**

重庆市南岸区南滨路 162 号 1 幢　邮政编码：400061　http://www.cqph.com

重庆市国丰印务有限责任公司印刷

重庆出版社有限责任公司发行

全国新华书店经销

开本：787mm × 1092mm　1/32　印张：8　字数：175 千

2025 年 7 月第 1 版　2025 年 7 月第 1 次印刷

ISBN 978-7-229-19571-7

定价：79.00 元

如有印装质量问题，请向重庆出版社有限责任公司调换：023-61520678

代序

—

永远的挑战：略谈历史研究中的材料与议题

历史学是一门启人心智的学问。它对于我们的吸引力，是与它所面临的挑战紧密联系在一起的。诱导我们走上这条学术道路的，应该说，正是历史学所仰赖、所辨析的丰富材料，也正是历史学所关注、所回应的特有议题。

“材料（史料）”与“议题（问题）”，是历史学者终日涵泳于其间、终身面对且需尽心竭力处理的对象。从某种程度上说，研究水准的高下，正是取决于论著者对于“材料”与“议题”的把握方式。在各学科体系重组、知识结构更新的时代背景之下，希望求得实质性的学术突破，而不是满足于用语、词汇的改变，必须从议题的了解与选择、从材料的搜讨与解读开始。

一

就历史学而言，材料（史料）是我们的源头活水。梁启超在其《中国历史研究法》中说：“史料为史之组织细胞，史料不具或不确，则无复史之可言。”他也回应了何谓“史料”的问题，指出：“史料者何？过去人类思想行事所留之痕迹，有证据传留至今日者也。”[①]对于“材料”的敏感程度和调度能力，无疑是对研究者基本素养的考验。

新议题与新研究的出现，有赖于史料范围的不断开拓。当年傅斯年先生“上穷碧落下黄泉，动手动脚找东西”的说法，正体现着这方面的殷切提示。今天的青年学人，颇由于议题难寻、材料匮乏而感觉困扰。走出困境的努力方向，一是寻求新的材料，二是重读再解原有的历史材料。

所谓不断开拓，首先是对于新材料的开掘与运用。“新材料”中的一类，是诸如甲骨文、简帛、出土文书、

① 梁启超：《中国历史研究法》第四章《说史料》（上海：商务印书馆，1947年），第54—55页。（同一文献再次引用时信息从简。全书同。——编者注）

内阁档案等陆续发现的材料，前辈学者对此给予高度的重视与期待。陈寅恪先生在《陈垣〈敦煌劫余录〉序》中说：“一时代之学术，必有其新材料与新问题。取用此材料，以研求问题，则为此时代学术之新潮流。治学之士，得预于此潮流者，谓之预流（借用佛教初果之名）。其未得预者，谓之未入流。”[①] 这些新材料，不仅弥补了史料的缺失与不足，更促使着新问题的产生，决定着新的问题回应方式，影响着其后史学发展的路径。

这类新材料的发现，未必能够随即还原出历史的本来面目，或许带给我们更多的是由此产生出来的新问题。而学者的任务正在于从这些新出现的问题出发，寻求更多材料的支持，找出解决各类新问题的途径与方法。[②]

新材料中的另外一类，则是尽管长期存在却一直被忽视的“边缘材料”。这类材料从人们视而不见的背景下“涌现”出来，靠的是“问题意识”带动下的新视角和新眼光。社会史领域的学者们首先感到，要突破根深

---

① 陈寅恪：《陈垣〈敦煌劫余录〉序》，《金明馆丛稿二编》（北京：生活·读书·新知三联书店，2001 年），第 266 页。

② 参见卢向前：《新材料、新问题与新潮流——关于隋唐五代制度史研究的几点看法》，《史学月刊》，2007 年第 7 期，第 11—14 页。

蒂固的“经典话语系统”，需要把研究的取材范围从精英著述扩大到边缘材料。这里既包括文字资料的拓展（例如正史等传统文献之外的档案、墓志碑铭、方志舆图、宗教典籍、医书、笔记小说、诗词乃至书信、契约、族谱等等），又包括对于各类实物、图像、出土材料、考古遗迹乃至情境场景（发生环境、社会氛围等）的综合认识及其与文字资料的互补互证。

材料出“新”，有赖于眼光的“新”。敦煌文书的学术价值，绝非莫高窟的王道士者流所能够揭示；内阁大库档案究竟作用何在，反映着不同学术眼光之间的差距与更迭；如果没有傅斯年、陈寅恪和李济等人所代表的新史料观，没有他们心目中新的史学追求与问题关怀，殷墟发掘也不可能具备“近代”之意义。[①]

新材料可以带动新议题，但有些领域不够幸运，没有足以刺激新议题、冲击原有研究体系的新史料发现，这就更加依靠于传统史料的再研读。严耕望先生曾经

① 参见王汎森：《什么可以成为历史证据：近代中国新旧史料观点的冲突》，收入氏著《中国近代思想与学术的系谱》（台北：联经出版公司，2003年），第343—376页。

说："新的稀有难得的史料当然极可贵，但基本功夫仍在精研普通史料。""真正高明的研究者，是要能从人人看得到、人人已阅读过的旧的普通史料中研究出新的成果。"[①] 黄永年先生在谈及治学经验时也说，他从不坐等稀有材料的出现，而是继承了陈寅恪、顾颉刚等老一辈学人的做法，"撰写文章不依靠孤本秘笈而用人所习见之书，要从习见书中看出人家看不出的问题"。"习见书如纪传体正史中未被发掘未见利用的实在太多了，再利用上几辈子也用不完。"[②] 对于"旧"史料的再思考、新联结，能够使其凸显出以往不曾发现的新意。梁庚尧先生在其《宋代太湖平原农业生产问题的再检讨》一文中说："本文所引据的数据，虽然多半出于前辈学者所已使用的范围，但会有一些个人不同的组织与运用，以及进一步的比较与阐释。"[③] 同样的材料，切入角度不同、组织方式不同，呈现出的研究面貌便大不相同。

① 严耕望：《治史经验谈》（台北：台湾商务印书馆，1988 年），第 26—27 页。

② 黄永年：《我和唐史以及齐周隋史（代前言）》，《唐史十二讲》（北京：中华书局，2007 年），第 8 页。

③ 梁庚尧：《宋代太湖平原农业生产问题的再检讨》，《台大文史哲学报》，2001 年总第 54 期，第 261—303 页。

任何专题，都寓含在历史的整体脉络之中；任何研究，都需要有基本的材料面。网络电子资源的丰富，使得今天的资料搜讨手段远远胜于以往，同时也对研究者的解读、分析、综括能力提出了更为严峻的挑战。

对于材料，不能满足于检索搜讨，更要注重平时的阅读。老一辈学者经常提醒我们，要看书，不要只抱个题目去翻材料。只抱着题目找材料，很容易漏过真正重要的题目。我们在起步阶段要想打下比较坚实的材料基础，至少需要一两部有影响力、有分量的史籍用来“垫底”，通过下功夫精读，压住自己的阵脚，储备基本知识，增强解读能力；进而“辐射”开来，逐步扩大材料面。

进入专题之后，要争取“竭泽而渔”，要善于选择最能切近主题的具体材料，这就如同入山采矿，第一反应是要了解资源何在，然后要能深入群山。特别是要充分调度角度不同、类型不同而彼此有所发明的材料，形成恰当的“材料组合”。能把哪些材料揽入视野、如何组织这些材料，直接决定着问题的阐发程度。

对于材料，不仅要能收集梳理，还要会比对辨析。“历史”本身的历史性，使得史料必然带有特定的时代印痕与记述者的理解，不可能纯粹客观；对于历史“真相”的追索与逼近，注定是一个辗转艰难而无止境的过程。材料的比对，或许正是这一过程的出发点。通过材料组合与比较，找出其异同，确定值得阐发的“问题点”进行辨析；辨析中可能牵涉到“事实”，也会关联到“书写”。例如，在现存史料中，有关宋代尚书内省的记载，简略混沌，仅就该机构政和三年（1113年）改制一事的性质，《宋会要辑稿·后妃》《宋大诏令集·妃嫔》《九朝编年备要》《宋史·徽宗本纪》及《宋史·职官志》等的说法即颇多差互。通过辨析，或印证，或质疑，都会给我们提供更为具体而广阔的研究空间。

研究中使用的关键材料，要真正读通，要善于“挤压”“榨取”，充分提取其中的讯息。读通，一要依靠相关的知识背景，二要勤于查询。有位博士生，在讨论隋代的禁卫武官时，引述《隋书》卷四三《观德王杨雄传》“迁右卫大将军，参预朝政”的说法，认为“杨雄为右卫大将军，可参与朝政，可见禁卫武官不仅带兵也有决策权”。其实这正如《新唐书·百官志一》所说，是“以他官居宰相职，而假以他名”之滥觞。[①] 基本理解出了问题，导致结论失当，也使得本来可以用来讨论制度变迁的宝贵史料从我们的指缝间轻易流失。

二

国内历史学界有许多传统的优势，也承载着寻求学科生长点的迫切压力。是否能够准确地把握到学科的“生长点”，关键在于是否能够敏锐地观察到学术前行过程中核心的“问题点”。

“问题（议题）”对于我们的研究，具有一种先导意义。新史学是在社会科学理论方法的刺激下产生的，理论的指导意义不容低估，而理论往往产生于回应“问题”的过程之中。正如于沛在《没有理论就没有历史科学——20世纪我国史学理论研究的回顾和思考》一文中所说的：“回顾20世纪中国史学发展的历程，可清楚地看到史学理论

① 〔宋〕欧阳修、宋祁撰：《新唐书》卷四六《百官志一》（北京：中华书局，1975年），第1182页。

的研究和建设，是中国史学发展不可替代的前提；而史学的发展，又不断提出新的理论问题，有力地促进了对历史进程或历史学自身一系列理论问题的研究和探讨。”[①] 2006年，厦门大学历史系曾经召开题为“史料与方法——21世纪的中国历史学”的学术研讨会，收到了积极的效果。有参加者指出，“史料”与“方法”在实践中并非对立，能将二者联系起来的关键是新的问题意识。有了新的问题，原有的史料会变成“新”史料，相应也会产生新的方法去处理这些新的史料，继而形成新的体系。也就是说，引导出新方法的，往往是新的“问题”。同时我们也注意到，学者个人研究方向的选择甚至毕生的学术事业，往往都是由广阔的“问题群组”引导的。

有种现象或许值得一提：我们时常感觉到，当试图说明“问题”这一概念时，难免遇到解释中的纷扰：是指“疑难”“困惑”“麻烦”“错误”，还是指“题目”“议题”或“关键”？这种语汇匮乏的状况，和西方语境中对于“question”“problem”“trouble”“mishap”与

---

① 于沛：《没有理论就没有历史科学——20世纪我国史学理论研究的回顾和思考》，《史学理论研究》，2000年第3期，第5页。

“topic” “issue” “point”等词语的细致区分，迥然有别。毋庸讳言，这正体现出，在我们传统的思维方式中，对于这样一组相关范畴的认识并非周密充分。

近年来，不少研究著述、学位论文着意于“选题缘起”，会以“问题的提出”开篇，反映出注重问题导向的趋势。学术“议题”的背后，牵系着研究者的问题意识。这种意识贯穿于研究的全过程，即是要通过思考提出问题、展开问题、回应问题。“问题”决定于眼光和视野，体现出切入角度和研究宗旨，寓含着学术创新点。

“问题”不仅是研究的导引，也有益于促进融通。对于“问题”的关怀，使得各个研究领域的切分界限不再清楚，有利于调动诸多学术门类的研究力，实现多学科的交叉与结合。历史现实中本没有畛域的分隔，研究中专科专门的出现是为了针对性集中、为了便于深入，而这种领域的切分也可能造成理解中的断裂、隔膜与偏颇。近些年的学术实践使我们看到，以“问题”为中心组织研究，是跨越学科界限、促进交汇融通的有效方式。

历史学的任务，本在于无限止的认识与再认识。如同史料需要“再发掘”一样，有不少学术议题，看来有成说、似常识，其实具有“再认识”的空间与价值。社会性别史的研究者关注中国传统社会中女性的活动空间问题，而如何认识家庭“内／外”，并不像表面上那样容易断定区分。高彦颐对于明清女性“空间与家”的研究，即针对这一问题进行了深入的再讨论。[①]

认识的“旧”与“新”，不在于提出的先后。要真正保持历史学的创造性活力，重要的是要保持从研究心态到方法理路的常新。我们应该更加关注提问的方式，学习有层次地展开与回应。研究论著的内容是否具有新意，有时即取决于提问的角度与方式是否敏锐而个性化。提问要自“原点”出发，防范简单化标签化的主观预设；问题不是凝固的平面板块，要依其自身逻辑拆解分剥，以凸现其“立体”性；设问不能丛脞混杂地堆积铺排，要把握其内在关联，“由此及彼，由表及里”，进阶衍生式地合理组织。对于问题的回应，既要立论鲜明、自成一说，又要尽量保持开放性。

① 高彦颐：《“空间”与“家”——论明末清初妇女的生活空间》，《近代中国妇女史研究》第 3 期（台北：“中研院”近代史研究所，1995 年），第 21—50 页。

三

回顾上一世纪中国历史学的发展路向，研究者常将以往代表性的学者分为“史料派”与“史观派”，而仔细看去，史料派并非不具备史观，史观派也离不开对于史料的诠解。傅斯年先生在《历史语言研究所工作之旨趣》中“近代的历史学只是史料学”的说法，引起过许多诠释与争议。桑兵教授近期的研究，“用傅斯年的办法来研究傅斯年的想法”，对此有十分深入的讨论。[①]在傅斯年这辈学者眼中，史料学显然并不简单等同于史料。如邓广铭先生指出的：“这一命题的本身，并不含有接受或排斥某种理论、某种观点立场的用意，而只是要求每个从事研究历史的人，首先必须能够很好地完成搜集史料，解析史料，鉴定其真伪，考明其作者及其写成的时间，比对其与其他记载的异同和精粗，以及诸如此类的一些基础工作。只有把这些基础工作做好，才不至被庞杂混乱的记载迷惑了视觉和认知能力而陷身于误

---

① 桑兵：《傅斯年“史学只是史料学”再析》，《近代史研究》，2007年第5期，第26—41页。

区，才能使研究的成果符合或接近于史实的真象。”[①] 事实上，在对待与处理史料方面具备特有主张与方式，形成学说派别，方可称之为“学”。

任何一种具有解释力的研究模式，都需要见微知著的考订论证作为其逻辑支撑。日本学者一些框架性很强的研究概念，例如“唐宋变革论”“豪族共同体论”“基体展开论”“朝贡体系论”“地域社会论”等等，也都是从问题的讨论中，从实证的基础上提炼生发出来。

历史学的议题，有的重在甄别史实、叙述事件，有的重在阐释、解构与建构，但无论哪种情形，都离不开材料，离不开实证。从根本上讲，这是由历史学的学科性质及特点所决定的。杨讷先生在《丘处机“一言止杀”再辨伪》一文中说：“历史学是一门重实证的学科……‘一言止杀’故事可以分解为相互依存的两个方面：一是丘处机进言止杀，二是成吉思汗听其言而止杀。若主张‘一言止杀’实有其事的学者，理应对这两个方面均

① 邓广铭：《邓广铭学术论著自选集·自序》（北京：首都师范大学出版社，1994 年），第 7—8 页。

予举证。”[1] 在一些面向大众的博物馆中，会把对于“历史”的追索比作寻踪破案，这也体现出“举证”的重要。学人研究中可能依靠不同的材料；有时从同样的材料中，也会读出不同的内容、看到不同的问题，而“举证”则构成对话交流的平台。

历史学的探索，是一项实践性很强的工作。出色的研究，往往从好的问题开始；而“好”问题是和学术前沿连带在一起的。设问是在学术史的语境下提出，对学术史的回顾与观察，正是为了寻求自己的学术起点，也就是论文议题的出发点。学术规范形式上是一系列技术标准与规则，实质上体现着学术意识与境界，是使学术受到尊重、取得进展的根本保证。

学位论文选择的“问题”，要具体真切、指向性强，而非悬游浮泛。议题展开是否顺畅，关键在于“问题”的组合方式，这决定着材料的调度格局，也决定着脉络的清晰程度。如何合理组织大小问题并引导自己的研究过程，考验着我们的综合能力。对于不同的议题，不同

① 杨讷：《丘处机“一言止杀”再辨伪》，《中华文史论丛》，2007 年第 1 期，第 283—326 页。

的学人，“合理”的方式自然各异，但从总体上说，需要大逻辑套拢小逻辑，延展中尽量层次化、绵密化。要注意前与后、彼与此之间的衔接与区别、延续及断裂；特别是，不仅要注意演进的端点，还要注意连接两端的路径与桥梁，探究过渡的层面、链条中的环节，这有助于形成新颖切实而富于洞察力与启发性的认识。

论文写作中，“材料”与“议题”，彼此不能“错位”。曾经有位同学撰写《元代两浙妇女生活初探》，副标题是“以《郑氏规范》为中心”。我们知道，“妇女生活”是指一种社会“实态”，而《郑氏规范》体现的主要是“规范”及其渗透的“理念”，如果仅用《郑氏规范》这一材料来讨论妇女生活这一议题，二者容易发生错位。

四

一波波“新史学”浪潮之中，历史学的“史”与“论”、材料与问题（议题），一直是学界关注的中心话题；而前行道路上的探索与周折，也通常是由此而起。

理论与方法，对于历史学来说，是启示而非模式。吴承明先生赞成“史无定法”之说，并且解释道，“史无定法”有一个中心点是实证。“我同时把一切理论都看成是方法。”他认为，在方法论上不应抱有倾向性，而是根据所论问题的需要和资料等条件的可能，作出选择。这一提法，把所有理论都还原为从事历史分析的具体工具，无疑具有促进思想解放的作用。① 在历史学的脉络中看，适用的“方法”，正是植根于特定的材料与问题（议题）之中。

史料的开拓与问题意识的形成，是学术事业的基点，是健康学风的要求；这离不开学术敏感，离不开自觉建设。从这一意义上说，材料与问题（议题），是对于学业切实的引导，也是对学人永远的挑战。

原载《史学月刊》，2009 年第 1 期

① 参见李根蟠：《市场史、现代化和经济运行——吴承明教授访谈录》，http://economy.guoxue.com/article.php/69，2003 年 2 月 2 日；吴承明：《中国经济史研究的方法论问题》，《中国经济史研究》，1992 年第 1 期，第 1—21 页；王学典：《近五十年的中国历史学》，《历史研究》，2004 年第 1 期，第 165—190 页。

目录

北宋前期任官制度的形成

讨论宋代的任官制度，必定会牵涉到两个重要问题：一是官、职、差遣（特别是官与差遣）的分离及其制度化，二是人事任用权力问题。围绕相关问题，近年来已有不少文章面世，从不同角度予以阐发、说明，唯追溯源流、论述制度变更过程似嫌不足。本文拟就此谈些个人看法，以求正于方家。

就官与差遣的分离而言，仅做静止状态下的勾画绝对不够，还需要在历史发展的长期曲折过程中寻其形成脉络，从而真正准确、深刻地认识它。宋代富有特色的设官分职制度，很难仅仅归结为宋太祖、太宗等一二代帝王及其谋臣的精明措置。在他们之前，晚唐五代的精英人物们已在艰难地摸索解脱困境的出路，无数经验教训的累积使得调整变革的思路渐趋明晰。宋初政治领袖们对于任官制度的贡献，与其说是创建了一套全新的制度，不如说是在强化中央集权的大背景下，对于二百年间不断变更的任官制度加以整理、改造；而且，当时的设官分职，决非先规划出蓝图再广泛推行，恰好相反，是在“摸着石头过河”的过程中，陆续完成了这样一套体制。要真正理解其形成，必须将我们的研究视野拓得更宽，以王朝之废立划为断限的方法，至少在这类问题的研究中是不合宜的。这正如王赓武教授所说，中国历史上很多重大的课题，往往被传统的以王朝为单位的研究方式遮蔽模糊了。①

一、“官”与“差遣”分离制度溯源

中国古代曾经存在着两种类型的“官”：一种是职事官，一般来说，亲职事者谓之职事官，其名衔与所掌事任直接相连；另一类是标志品位、阶秩的阶官。阶官在历史上有过不同的形式和内容，仅就从隋到宋而言，隋唐时期为文武散官，北宋元丰以后为寄禄官；

① Wang Gungwu, *The Structure of Powerin North Chinaduring the Five Dynasties,* Stanford: Stanford University Press, 1967, p.2.

而宋代前期的情况似乎比较特殊，一方面文昌会府废为闲所，另一方面阶官却偏偏采取了三省六部职事官的名称。

《宋史·职官志一》总序部分，在讲到宋代设官分职之制时，说：

> 台、省、寺、监官，无定员，无专职，悉皆出入分莅庶务。故三省六曹二十四司类以他官主判，虽有正官，非别敕不治本司事，事之所寄，十亡二三……其官人受授之别，则有官、有职、有差遣。官以寓禄秩、叙位著，职以待文学之选，而别为差遣以治内外之事。①

是为北宋前期官、职、差遣分离制度之大概。

这种设官分职的方式，突出地将"正官"与其职事区分开来，虽然名称紊乱混淆，治事系统却明确集中。从实践中看，务实应变的色彩很强。

① 〔元〕脱脱等撰：《宋史》卷一六一《职官志一》（北京：中华书局，1985年），第3768页。

官员品位与事任的分离、并立，决非始于北宋，这点自无疑问。而说到官与差遣的分离，通常是指身居“职事官”，却又与“本任”分离而另领他事。那么，这一制度是如何形成的呢？

在中国传统社会中，名义上皇帝握有一切权力，臣僚领受其旨意，作为其代理人去实施统治及管理的职能；而事实上，在施行过程中，臣僚势必部分地拥有自行决定的权力。从这个意义上说，君主“绝对集权”是不可能的。因此，帝王对于臣僚既有任用的一面，又有防范的一面。在官僚群中，在承认帝王人事大权的同时，亦要求自身的基本权益、地位有所保障。双方利益冲突、折中的结果，使君主往往不直接触动在任官员的原有地位，转而临时任用一些身份相对低微者及左右亲从，或委以伺察群僚之事，或委以掌管机要之任，或委以参议政事之权。早在西汉时，即产生出“秩卑而命之尊，官小而权之重”[①] 的刺史制度。“秩”与“命”分离、“官”

① 〔清〕顾炎武著，黄汝成集释，栾保群、吕宗力校点：《日知录集释（全校本）》卷九《部刺史》（上海：上海古籍出版社，2006 年），第 528—529 页。

与“权”不侔，使最高统治者便于驾驭，亦促成了上下内外百官庶僚相互维系的机制。可以说，这种“分离”状况的不断出现与陆续调整，从一个侧面反映出历史上官僚任用制度的逐渐成熟。

具体地说，隋唐以来，职事官系统与散官系统的并行，从制度上明确了治事系统与品阶系统的分立。而在此基础之上，职事官体系内部，又发生着进一步的复杂变化，并从而产生了以“职事官”与“差遣”相分离为特征的设官分职方式。如孙国栋先生在《宋代官制紊乱在唐制的根源》中所说，促成这种变化的主要原因有三：一是由于政治局面转变，旧的官制不能应付新环境，以致不少旧职事官职权堕落；二是旧官制既不能切合新事机，重要公务只得另派“使”“职”负责，而带本官衔（或加以职事官衔），职事官逐渐变为不任事之空衔；三是原用以叙品阶的散官，由于授受太滥（特别肃、代、德宗三朝），不为人所重，不得不以中央职事官（尤其不负实际责任而又“地高望崇”者）作为赏功勋、叙位望的空资格。[①]

唐代职事官之滥授，有两大“高潮”阶段。一是武后为扩大政权基础，大设试官以甄别能否，广置员外而宠以禄位，“殊不知名实混淆、品秩贸乱之弊，亦起于是矣”[②]。二是中晚唐时期“兵革不息，财力屈竭，勋官不足以劝武功，府〔库〕不足以募战士，遂并职事官通用为赏”[③]。职官之赏，使职事官队伍的成分及性质发生了严重变化，冗滥猥杂而无法正常运作。这无疑大大加深了职事官队伍的分化程度——其中既有治本司事者，又有带本官充他职者，更有坐领俸禄者，同时，也加速了所谓“职事官阶官化”的过程。这成为宋代以职事官为阶官、以差遣任实职的直接原因。

前两条原因相互关联，是与制度本身直接相涉的、更为深刻的原因。职事官与其职事的分离，是在以用人权力为关键的冲突中，在旧制度与新事机的矛盾运动中，

① 孙国栋：《宋代官制紊乱在唐制的根源》，载氏著《唐宋史论丛》（上海：上海古籍出版社，2010 年），第 261 页。

② 《宋史》卷一六一《职官志一》，第 3768 页。

③ 〔宋〕司马光：《温国文正司马公文集》卷六五《百官表总序》，《四部丛刊》初编影印宋绍熙刊本（上海：商务印书馆，1929 年），第 14b 叶。

随着“带本官充他职”现象的普遍化而发展起来的。对此，有必要作稍为详细的说明。

（一）以他官居宰相职

唐承隋制，本以三省长官为宰相之职。而如欧阳修在《新唐书·百官志一》中所说：

> 其品位既崇，不欲轻以授人，故常以他官居宰相职而假以他名。自太宗时，杜淹以吏部尚书参议朝政，魏征以秘书监参预朝政，其后或曰“参议得失”“参知政事”之类，其名非一，皆宰相职也。[①]（按：着重号系笔者所加，后同。）

以这种办法，或借重于功臣元勋的经验，或吸收资格较浅者参政。长此以往，势必带来原居职事官与其实际职位的分离。不过，开元以前，这种性质的分离尚不

① 《新唐书》卷四六《百官志一》，第1182页；参见〔后晋〕刘昫等撰：《旧唐书》卷七一《魏征传》（北京：中华书局，1975年），第2548页；〔唐〕刘肃撰，许德楠、李鼎霞点校：《大唐新语》卷八《文章》“杜淹”条（北京：中华书局，1984年），第123页。

彻底，带本官任相职者“午前议政于朝堂，午后理务于本司”[①]，并未完全脱离本司事务。

（二）检校、摄、判、知

早在唐代前期，已有由中央特授的检校、摄、判、知等名目。例如贞观年间杜如晦检校侍中、摄吏部尚书，民部侍郎兼检校兵部侍郎卢承庆知五品选事等。[②]这些职任在当时多系特命，在资格方面限制较宽，运用灵活。不仅任职者的品位与所委事任间多有差距，而且所“摄”“知”的事务皆非其本官之职（尽管亦有仍理本官事者），用卢承庆的话说，是“越局”[③]“出位”[④]掌他职。就其性质而言，即属于临时差遣官之类。帝王经常以此表示对于某人的倚重或对于某事的重视。

《新唐书·百官志一》说：

---

① 〔唐〕杜佑著，王文锦等点校：《通典》卷二三《职官五·吏部尚书》（北京：中华书局，2016年），第628页。

② 《新唐书》卷九六《杜如晦传》，第3859页；卷一〇六《卢承庆传》，第4047页。

③ 《旧唐书》卷八一《卢承庆传》，第2748页。

④ 《新唐书》卷一〇六《卢承庆传》，第4047页。

> 初，太宗省内外官，定制为七百三十员（按：据《通典·职官一》，贞观时"大省内官，凡文武定员六百四十有三而已"。该说近是。[①]）……然是时已有员外置，其后又有特置，同正员。至于检校、兼、守、知之类，皆非本制。[②]

可见，几乎在定制的同时，朝廷即已开始突破"本制"约束，而在规定之外另设权宜职任了。唐代的官制，与其他任何制度一样，是在施行过程中不断调整的，只有在变动之中，才能认清其实际面貌。或许可以说，前期所谓"官制的特别运用"，与其后的"变制""乱制"有着内在的联系，有时甚至很难将二者断然区分开来。

至于"行""守"之类说法（"凡注官，阶卑而拟高则曰守，阶高而拟卑则曰行"[③]），主要用以表示职事官与其本品（散阶）之间的高下差异，而不是指职事官与其差遣事务的分离。

---

① 《通典》卷一九《职官一》，第 472 页。

② 《新唐书》卷四六《百官志一》，第 1181 页。

③ 〔唐〕李林甫等撰，陈仲夫点校：《唐六典》卷二《吏部尚书》（北京：中华书局，1992 年），第 28 页。

（三）使职差遣普遍化，尚书六部渐失职守

使职，本“因事而设，事已则罢”，如监考使、校考使之类。凡任使职者，都带着自己原有的职事官衔，却不再经管原职任内的事务，所居职事官成为其地位、待遇等次的一种标志。正像职事官的散品为其“本品”一样，此时的职事官成了受差遣者的“本官”。

唐玄宗时期，“设官以经之，置使以纬之”的做法，形成为“一代之制”[①]，以本官充职的做法已经十分普遍。“安史之乱”后，节度、观察、防御、团练诸使各辟僚属，开府治事。

《旧唐书·职官志三》在讲到节度使及其属官时，注云“检讨未见品秩”[②]。针对该注，钱大昕在《廿二史考异》卷五八加按语说：

> 节度、采访、观察、防御、团练、经略、招讨诸使皆无品秩，故常带省台寺监长官衔，

① 《通典》卷一九《职官一·历代官制总序》，第 474 页。
② 《旧唐书》卷四四《职官志三》，第 1922 页。

> 以寄官资之崇卑。其僚属或出朝命，或自辟举，亦皆差遣无品秩。如使有迁代，则幕僚亦随而罢，非若刺史、县令之有定员有定品也。[①]

节度等使如此，其他如盐铁、转运等使莫不如是。不仅使职如此，其他如内廷备顾问的翰林学士、外朝理政事的同平章事，都是差遣职任而非在《官品令》中规定了阶次的“官”，因此皆无品秩，必须“假以它官，有官则有品，官有迁转，而供职如故也”[②]。这里的职事官衔皆脱离了原有职事，显然只用来“以叙常秩”[③]了。

以往权宜设置的使职差遣之普遍化，使尚书省六部所辖职任在很大程度上被抽空了。

《文苑英华》卷六〇一，载于邵大历初年所撰《为

---

① 〔清〕钱大昕著，陈文和主编：《廿二史考异》卷五八《旧唐书·职官志》，《嘉定钱大昕全集》（增订本）第3册（南京：凤凰出版社，2016年），第1019页。

② 《廿二史考异》卷五八《旧唐书·职官志》，《嘉定钱大昕全集》（增订本）第3册，第1019页。

③ 〔唐〕元稹撰，冀勤点校：《元稹集》卷四八《王沂河南府永宁县令等（制）》（北京：中华书局，1982年），第518页。

赵侍郎陈情表》，其中说到尚书省当时的情形：

属师旅之后，庶政从权，会府旧章多所旷废。惟礼部、兵部、度支职务尚存，颇同往昔；余曹空闲，案牍全稀，一饭而归，竟日无事。[①]

贞元中，陆长源在《上宰相书》中更指出：

尚书六司，天下之理本。兵部无戎帐，户部无版图，虞水不管山川，金仓不司钱谷；光禄不供酒，卫尉不供幕，秘书不校勘，著作不修撰，官曹虚设，禄俸枉请，计考者假而为资，养声者藉而为地。一隅如是，诸司悉然。[②]

据此，职事官系统失其职任的现象已经十分明显。

---

① ［宋］李昉等编：《文苑英华》卷六〇一《为赵侍郎陈情表》（北京：中华书局，1966 年），第 3123 页下。

② ［唐］陆长源：《上宰相书》，载《唐文粹》卷七九，《四部丛刊》初编影印江安傅氏双鉴楼藏明嘉靖刊本（上海：商务印书馆，1929 年），第 4a—b 叶。

原职事官设置、名衔虽仍保留不变，却已不预实事，只剩下据以请俸禄、叙资考的作用了。这无疑从根本上破坏了原有的整套设官分职制度，而开启了通往宋代“官以寓禄秩、叙位著”的门径。

上述诸因素、诸过程的交互运动，使得唐代后期的“官”与差遣之“职”成为明显区分的两个系统。白居易在《有唐善人（李建）碑》中说：

> 公官历校书郎，左拾遗，詹府司直，殿中侍御史，比部、兵部、吏部员外郎，兵部、吏部郎中，京兆少尹，澧州刺史，太常少卿，礼部、刑部侍郎，工部尚书；职历容州招讨判官，翰林学士，鄜州防御副使，转运判官，知制诰，〔知〕吏部选事；阶中大夫；勋上柱国；爵陇西县开国男。[①]

五代时期，冯道在《长乐老自叙》中，也把自己的

① 〔唐〕白居易著，谢思炜校注：《白居易文集校注》卷四《碑碣》（北京：中华书局，2011 年），第 163—164 页。

经历分为阶、职、官诸项，并分别罗列出来。

可以看出，在当时，依制度令文之规定设立、依次正式除授者即为“官”；应局势需要，因事而设、临时差委者即为“职”。值得注意的是，当时，在职事官体系之内，存在着分化不一的状况：有些职务实莅其事，有些则已不领实职了。受差遣者原居之本官，尚未完全演变为纯粹代表身份的标志，待卸去差遣职任后，往往仍回本司视事。即以李建为例，他中进士后，首试校秘书郎，以该身份判容州招讨事，后来调为本官；又以殿中侍御史衔，出任鄜州防御副使，不久“归为殿中侍御史”[①]。

职事官体系与使职体系交叉，带职事官而理差遣事任，出则任差遣，归则复本任，这种办法的普遍行用，很容易造成官员管理中的混乱与不便。诸如带本官者与其“本曹”的关系，以及是否应按“在朝叙职、入省叙官”的原则排列次第等敏感问题，自唐至宋争论不休。[②]

---

① 参见《元稹集》卷五四《唐故中大夫尚书刑部侍郎上柱国陇西县开国男赠工部尚书李公墓志铭》，第585页。

② 〔宋〕李攸：《宋朝事实》卷九，丛书集成初编排印本（北京：中华书局，1985年），第140页。

中晚唐时期，既是以种种权宜措置破坏原有官制的过程，又是尝试对设官分职之制进行整理，力求建立能够相对稳定运转的官僚机制的过程。

这一阶段中，职事官队伍已经改变了性质，而差遣体制尚未发育成熟，反映在任官制度中，实际上出现了“双轨制”的局面：一方面，“官”有员额有品秩，却不一定有事权；另一方面，拥有事权的差遣“职”，却由于本属权宜设置，任命不经有司，既无品秩又无员额。

这种状况引起了士大夫们广泛的关注和议论。当时整理任官制度的努力，归结起来，是希望恢复（而非另建一套）以职事官为中心，把官称、员阙、品秩、事任联系在一起的设官分职方式。

早在武后时期，李峤为吏部尚书，许员外官厘务，“至与正官争事相殴”，于是用“停员外官厘务”[①] 的办法，把他们与正员官加以区别，维护了职事官的正常工作秩序。中宗、韦后时期过后，宋璟、姚元之主持铨选，一改逆用数年员阙以迁就选人的做法，以“量阙留人”为

① 《新唐书》卷四五《选举志下》，第 1176 页。

方针，尽力保证治事队伍的效能。直到德宗时期，陆贽提出注拟时“计阙集人”的原则，进一步明确了铨选中以职事官“阙”为本位的思路与政策。面对官员总额剧增陡涨的形势，朝廷中的有识之士逐渐把限制冗滥的着眼点转移到直接选授任职的“阙”额方面。于是，不仅有正员官与员外官的区分，又有了“厘务”与不厘务、“视职”与不视职、“占阙”与不占阙的类别。[1]

不过，事实上，当时铨司面临的困境，并不仅仅是由于官额多滥造成的。此时的任事官僚，既有由君相直接任命者，又有归诸道使府、诸差遣使职自行辟署者；与大量“《令》外阙次”相比，中央人事部门（吏部）能够掌管的，已属十分有限。而且，即使按规定应归吏部注拟的职任，即所谓“系部阙员”，如州县系统地方官之类窠阙，亦有不少被方镇侵夺去了。这样，“争阙”即构成中晚唐争夺人事权力的主要内容之一。吏部乃至中书门下反复论诉，朝廷三令五申，企图保住铨司员阙，却终于收效甚微。另外，更由于官与差遣的脱节，在册

① 《通典》卷一九《职官一·历代官制总序》，第474页。

之阙与其实际事权发生了分离。以往铨司主要靠“注官填阙”来实施其人事任用权，此时，即便能够控制在册阙次，也不可能再借此实施对于整个实际任事的官僚队伍之管理了。

二、北宋初期对于任官制度的整理

北宋初期对于任官制度的整理，是上承前代之尝试而来的。

《朱子语类》卷一二七《本朝一》，记载了朱熹与弟子们一番耐人寻味的对话：

> 或言：“太祖受命，尽除五代弊法，用能易乱为治。”曰：“不然。只是去其甚者，其他法令条目多仍其旧。大凡做事底人，多是先其大纲，其他节目可因则因，此方是英雄手段。”[①]

① 〔宋〕黎靖德编，王星贤点校：《朱子语类》卷一二七《本朝一》（北京：中华书局，1986 年），第 3042 页。

宋初帝王及其谋臣充分注意到了前代中央与诸道斗争中双方采用过的有效方法，对于以往的权宜措置，抓住适宜时机，一一加以清理整顿：有的予以摒弃，有的加以限制，有的大体上继承不变，有的则在调整之后固定下来，最终成为影响久远的一代之制。

（一）从限制使府辟署，到“幕职悉由铨授”

唐代后期以来，藩镇使府辟署制度在社会政治生活中起着相当重要的作用。入幕任事者之“职”，全由方镇府主确定；而其“官”，则奏请中央授予。这种授予幕职的“官”，一般是标志其身份及迁转资历的检校官或宪衔。

按照制度，州县系统的职任，不同于使府幕职，应该由中央吏部负责依阙除授。但唐代后期，藩镇往往擅自派僚属摄知其辖区内的州县职事，而不向中央申阙。代宗时曾在一定限度内承认了这种局面，诏“诸州府录事参军及县令，其有带职、兼官、判、试、权、知、检校等官者，自今已后，吏部不在用缺之限”[1]。号称“中兴”的宪宗元和年间，呈半独立状态的魏博，管内州县官二百五十三员，一百六十三员由藩镇差人假摄，九十员报经有司注拟；[2]淄青镇向不申阙，李师道被诛讨之后，郓曹濮等十二州州县官员阙才归吏部注拟。[3]武宗、宣宗时，承认了藩镇选荐县令、录事等“当府充职”的权力。[4]这种藩镇径自差人假摄、或匿阙不申、或“所奏悉行”的状况，使得格式司无从掌握地方官署置实情，吏部铨选无阙可注，中央人事权力被严重朘削了。

与上述过程同时，亦有多次企图限制诸道州府用人权力的努力。这些尝试，主要不是针对各种差遣职任，而是集中在争夺州县正员官阙方面。此类规定，不外乎限制诸道奏报人数、被奏者的身份（白衣、前资抑或现任）等等。尽管如此，亦难以奏效。这首先是由中央与地方的力量对比态势造成的；其次，吏部拘泥案牍的

① 〔宋〕王溥撰：《唐会要》卷六九《县令》（上海：上海古籍出版社，2006 年），第 1441 页。

② 《唐会要》卷七五《选部下·杂处置》，第 1615 页。

③ 〔宋〕王钦若等编：《宋本册府元龟》卷六三一《铨选部·条制三》（北京：中华书局，1989 年），第 3b—4a 叶，第 2034 页。

④ 《宋本册府元龟》卷六三二《铨选部·条制四》，第 1a 叶，第 2041 页。

铨选方式，也远不及当时诸藩用人方式之注重实际、灵活而有生气。

五代时期，在空前规模割据混战的同时，亦出现了由乱向治转化的端倪。当时，各府州县邑的治事权，很大程度上掌握于武夫悍将之手，或系武人视职、或经藩镇辟署。中央政权深知其中利害，因而倚军事实力为后盾，不懈地进行着集中权力的斗争。

后梁开国后，战事尚未平戢，原系强藩节帅的梁太祖朱温就开始着手削夺诸道藩镇的用人权力。开平四年（910年）四月，“敕天下镇使，官秩无高卑，位在邑令下”。六月，魏博节度使罗绍威卒，朱温一面表示哀恸，一面却加紧动作，于九月内宣布魏博管内诸州，并依河南诸州例，刺史得以专达朝廷，而不许由节度委派的曹官越权摄事。①

后唐除依前代办法，限制节度、防御诸使奏荐人数外，进而争取直接控制更多的阙额。同光二年（924年）三月规定，“州县官任满三考，即具阙申送吏部格式，

① 〔宋〕薛居正等撰：《旧五代史》卷五《梁书·太祖纪五》（北京：中华书局，1976年），第83、86页。

候敕除铨注，其本道不得差摄官替正授者”[1]。天成二年（927年），更要求将府州僚佐与使府幕职区别开来，录事参军不得由幕职兼任。[2]

这些规定中贯穿的共同趋势是，力图把州县职事官系统与使府幕职系统明确加以区分；增重、提高州县系统在治理地方事务中的权力和地位；州县官员由中央任命，向中央负责，而不许诸道自行摄署。这些措置，自然在中央政府与诸道藩镇的力量对比已经发生变化的前提下才有可能施行；而即便只是部分地实施，也在长期过程中进一步改变着中央与诸道的力量对比。

后周在收缴地方人事权力方面做得更为坚决。据《五代会要》卷二四《诸使杂录》：

> 广顺元年五月敕：“今后诸州府不得奏荐无前资及无官并无出身人。如有奇才异行，亦许具名以闻，便可随表赴阙，当令有司考试，

① ［宋］王溥：《五代会要》卷一九《刺史》（上海：上海古籍出版社，2006年），第312页；《宋本册府元龟》卷六三二《铨选部·条制四》，第4a叶，第2042页。

② 《五代会要》卷一九《县令上（录事参军附）》，第314页。

朕当亲览。”[①]

除去依旧从身份上予以限制之外，这一规定最关键之处，在于要求州府奏荐者赴阙，并要经中央有关部门考试，皇帝亲自裁决；而不再是泛泛地要求诸州府奏荐“前资正官”，亦不再像唐代后期“有奏皆署”了。就解决州府擅自辟署造成的弊端而言，这无疑是一果断的措置，朝向“幕职铨授”迈出了重要的一步。

有不少迹象表明，大批基层州县官员陆续归到铨司参选。由于当时政权变动频仍，甄别这些人的身份、资格成为困扰铨司的一大问题。对于正官告敕、解由、历子、考牒等文解的磨勘，失坠者的处理办法，对于摄试官换出身、改正员的规定，逐朝逐代都在讨论、修订、重申。[②]

与上述过程同时，是铨司权力的趋于集中。后唐天成四年（929年）规定，吏部三铨官员共同商量注拟，三铨公事只署“吏部尚书铨”印；后周广顺元年（951年），

① 《五代会要》卷二四《诸使杂录》，第393页。

② 《五代会要》卷一七《杂录》《试摄官》《伪官》，第277—282页；卷二一《选事下》《选限》，第337—349页。

更指出无须将员阙及选人分三处除授，明令“三铨公事并为一处”，从而提高了注拟效率。[1]

宋朝建立后，总结了前代“方镇太强、君权太弱”的教训，致力于进一步削夺藩镇权力，强化中央集权。在这个大气候之下，继续进行任官制度的整顿。

太祖赵匡胤首先着手加强铨司职能。建隆三年（962年）冬至乾德二年（964年）春，两次详定《循资格》、定《四时参选条件》，并且重申了前代有关州县官赴铨除官的诏令。而此时的藩镇，经过五代数十年间的激烈较量，加以北宋种种防范、制御措施，已不再具有同中央颉颃的实力。

在这种情况下，乾德二年三月，以吏部尚书张昭致仕为契机，铨司掌管的事务有了一番调整与变革。《续资治通鉴长编》卷五，乾德二年三月乙酉条载：

> 昭为吏部尚书领选事，凡京官七品以下犹属铨。及昭致仕，始用它官权判，颇更旧制；

① 《五代会要》卷二二《杂处置》，第353、355页。

京官以上无选，并中书门下特除；使府不许召署，幕职悉由铨授矣。[①]

变更的内容大体上是三方面：一是原属偶然的“他官判铨司”成为制度。二是此后京官以上不再到铨司参选，而归中书门下直接除注（所谓“堂除”），吏部铨司负责的只是幕职州县官了。这一做法持续到太宗时期，京朝官差遣院、磨勘院及其后取代两院的审官院之设立，使除授工作分成了三大层次：紧要员阙、清望官员的特除归中书门下，一般京朝官归审官院，幕职州县官归吏部流内铨。元丰五年（1082 年），经苏颂建议，文职京朝官归吏部尚书左选，幕职州县官归侍郎左选。

第三个方面，是不许藩镇使府自行辟署官员，即使原归属于使府系统的幕职官（包括两使职官与初等职官）此时亦须经由铨司除授了。中央派遣的使府僚佐，自然倾向于与中央维持良好关系，很难再成为诸节度割据独

① 〔宋〕李焘撰，上海师范大学古籍整理研究所、华东师范大学古籍研究所点校：《续资治通鉴长编》（以下简称《长编》）卷五，乾德二年三月乙酉（北京：中华书局，2004 年），第 123 页。

立的谋士与助手。

这时，《少尹幕职官参选条件》应运而生。这一《条件》，规定了自初等职官至两使职官的四个迁转阶次，明确了幕职官的参选方式及其在整个选人序列中的位置。中唐至此，铨选中情势迥异：中央成功地收夺了藩镇人事权力，不仅州县官一般不再由幕职、亲将兼摄，还继而集中了对幕职官的任用权。此后，使府系统与州县系统的分立虽然痕迹仍存，使府幕职与州县僚佐却不再分归两类不同部门除授了。事实上，此后节度使已渐无职权事任，因此，幕职官一般是直接服务于州府长官的。这正如马端临所说："盖虽冒以节度推官、观察推官、判官、书记、支使等名，而实则郡僚耳。"[①]幕职官与州县官合并为四等七阶上下有序的一大系统，归属分明，次第清楚，"自是铨选渐有伦矣"[②]。

不过，在宋代，幕职铨授虽已成为定制，但由地方长官奏辟僚属的情形始终存在。苏辙就曾被南京留守张

① 〔宋〕马端临著，上海师范大学古籍整理研究所、华东师范大学古籍研究所点校：《文献通考》卷六二《职官考一六》（北京：中华书局，2011年），第1880页。

② 《长编》卷五，乾德二年七月庚寅，第130页。

方平辟为签书应天府判官。《文献通考》卷一九《选举考一二》中，对奏辟之制有大段文字叙述，此处不赘。

（二）京朝官“知军州事”与“知县事”制度的形成

北宋官与差遣分离之固定化，与“尚书、郎曹、寺官出领外寄”即知州、知县，有直接关系。

知州，全称“知军州事”，其设立，通常被认为是宋太祖“坐销外重分裂之势”[①]的一大发明。《文献通考》卷六三《职官考一七》中有一段记载：

> 宋太祖开基，革五季之患，召诸镇会于京师，赐第以留之，分命朝臣出守列郡，号“权知军州事”，军谓兵，州谓民政焉。其后文武官参为知州军事。[②]

① 〔清〕徐松辑，刘琳等校点：《宋会要辑稿·职官》一之七四引《神宗正史·职官志》（上海：上海古籍出版社，2014年），第2978页上。

② 《文献通考》卷六三《职官考一七》，第1896页。

“命朝臣出守列郡”以对付藩镇的做法，唐代元和初年就曾经采用过。但当时只是“出郎吏十余人为刺史”，并非以朝臣身份“知”外任事。

知军州事制度之形成，在历史上是经过了一个漫长、曲折的过程的。仅仅围绕北宋初期情况来讲，难以真正了解其原委。从晚唐由诸道辟署的幕职、武将“权知军州事”，到五代中央开始派朝官出知军州事，又经过北宋初期的多年努力，才形成了以朝官（主要是文臣）知军州事的一套做法。这一措施，是在中央政府加强集权的斗争中成熟起来的，而唐代后期竭力向中央争夺州县治事权的藩镇，在促使该制形成方面，曾起过不容忽视的作用。

如前所述，自唐以来，检校、判、知一类职衔日益增多，“皆是诏除而非正命”。其中，“知者，云知某官事”。宋太宗初年，李昉曾解释说：“唐朝……或官卑则言知某官事，或未即真则言权知某官事，或言检校某官事。”[①]这些做法的特点之一，在于其所居之官与

① 《长编》卷一八，太平兴国二年四月乙卯，第403页。

所任之事的分离。在内官系统中，带本官知他司事者屡见不鲜。如宪宗时许孟容以兵部侍郎知礼部贡举、穆宗时元稹以祠部郎中知制诰等是。外官系统则尤为突出。武则天时，就曾选派凤阁侍郎韦嗣立、御史大夫杨再思等二十人外任，“以本官检校刺史”。[①]

知州事，起初并不是作为固定官衔出现的。非经正式选补而临时委派视事者，常用此名目。唐代前期即有不少以诸州上佐等官“知州事”的例子。中期以后，有了“知府事”“知州事”入衔的情况，这在河朔等地比较多见。例如德宗贞元时有“知恒府事”王士真、文宗大和初有“权知瀛州事”李振等等。大约同时，在中央正式除授职任的制诰中，出现了“权知京兆尹”“权知绛州刺史”“权知华阴县令”一类名衔，以“知”字冠

① 《旧唐书》卷一五四《许孟容传》，第 4102 页；《元稹集》卷四〇《制诰序》，第 442 页；《通典》卷三三《职官一五·郡太守》，第 902 页。

于原官称之前，形式略有不同。[①]

当时，诸道使府不仅自辟僚佐，对于州县长吏等职任亦不放过，利用中央无力控御之机，自除官员摄事，有的且委以专门名义。由于这些藩镇与中央朝廷维持着一种若即若离的关系，“须借朝廷威命以安军情”，因此，他们举奏委派的州郡长官，只称之为“摄某州事”或“权知某州军州事”，而不正式称为刺史。

僖宗时，服务于淮南节度高骈麾下的崔致远主行文书事务，在《桂苑笔耕集》中，有他当时起草的奏状及除授墨敕等等。其中，卷四载“奏杨行敏知庐州军州事”状，卷一三有“授高霸权知江州军州事”墨敕牒词。这些被任用为权知军州事者，多是立有战功的军将。

五代十国时期，“权知军州事”等职任，已经十分

---

① 参见《唐会要》卷六八《刺史上》、卷六九《刺史下》；〔唐〕陈子昂：《陈伯玉文集》卷五《唐故朝议大夫梓州长史杨府君碑》,《四部丛刊》初编本，第 13b 叶；《旧唐书》卷一三《德宗纪下》，第 379—380 页；北京图书馆金石组、中国佛教图书文物馆石经组编：《房山石经题记汇编》第三部分《佛说鸯掘摩经》（北京：书目文献出版社，1987 年），第 223 页；《元稹集》卷四六《卢士玫权知京兆尹制》，第 494 页；〔唐〕权德舆：《权载之文集》卷一六，《四部丛刊》初编影印无锡孙氏小绿天藏大兴朱氏刊本（上海：商务印书馆），第 7a 叶；〔唐〕白居易：《白氏文集》卷三七，第 2a 叶。

普遍，而且绝不限于五代相继统治的中原地区，在诸国控制下的南方，亦很常见。除知州事外，还有知军监、知县事，甚至有知高丽国事，等等。但当时相当数量的知军州者仍属于武夫悍将之类，有时甚至是由将吏们临时推立的。

据《旧五代史·梁书·太祖纪四》，开平三年（909年）七月，“商州刺史李稠弃郡西奔，本州将吏以都牙校李玟权知州事”[①]。由于李玟并未获得正式名衔，故《资治通鉴》取《实录》说法，称之为“主州事”[②]。又据《太祖纪六》，乾化元年（911年）二月，蔡州将吏奉顺化军指挥使王存俨为主，朱温绥抚其众，即命存俨以“权知军州事”[③]之职。

五代各中央政权惩诸道武夫专横之弊，在加强集权的过程中，渐以朝臣（特别是文臣）带本官出典州郡，并制定政策，鼓励朝臣外任。[④]后晋司徒诩历知许、齐、

① 《旧五代史》卷四《梁书·太祖纪四》，第71页。

② 〔宋〕司马光编著，〔元〕胡三省音注，“标点资治通鉴小组”校点：《资治通鉴》卷二六七，开平三年七月，第8713页。

③ 《旧五代史》卷六《梁书·太祖纪六》，第94页。

④ 《五代会要》卷一三《起请杂录》，第217—218页。

亳三州事；[1] 开运元年（944 年），给事中边光范权知郑州，后周广顺初又知陈州；[2] 嗣后，如将作监李琼先后知亳州、陕州军州事，显德中昝居润历知青州、凤翔、河中与开封府事等等，[3] 不一而足。

“权知军州事”等类名衔，本用来表示属于过渡性质的临时职务；这一职务逐渐演变为相对固定的差遣职任，即如顾炎武所说，“以权设之名为经常之任”[4]，用了从晚唐到宋初百余年的时间。

广顺三年（953 年），赏武平军留后刘言、节度副使王进逵等攻收湖南之功，将王进逵“权知潭州军州事”职衔进改为“行潭州刺史”。[5] 这时，显然仍认为刺史地位稍高，是“即真”后的一种正式职衔。显德元年（954 年），以武安军节度副使、知潭州军府事周行逢为鄂州节度使、知潭州军府事，加检校太尉；次年，“以左谏议大夫、权知开封府事王朴为左散骑常侍，充端明殿学

① 《旧五代史》卷一二八《司徒诩传》，第 1692 页。

② 《宋史》卷二六二《边光范传》，第 9079—9080 页。

③ 《宋史》卷二六一《李琼传》，第 9032 页；卷二六二《昝居润传》，第 9056 页。

④ 《日知录集释（全校本）》卷九《知州》，第 539 页。

⑤ 《旧五代史》卷一一二《周书・太祖纪三》，第 1487 页。

士，依前权知开封府事”[1]。看来，在当时，知军州、军府事之类差遣开始成为相对稳定的职任，文武任职者迁转之际，有时可以只升陟其职事官或检校官，而继续充职如故。不过，直到北宋开宝五年（972年），当太祖赵匡胤与赵普、辛仲甫谈及文臣出领大藩问题时，他心目中的州郡最高长官仍是“刺史”，而非“知军州事”。[2]这恰恰表明，“知军州事”制度不是赵匡胤们预先设计好统一向全国各地推行的，而是在由个别到普遍的实施过程中得到了肯定。他们在委派朝官外任、剥夺藩镇之权的同时，戒备着朝官们分权、渎职的可能，不欲轻授以“牧伯”名位。“知州军事”职衔，正是适应这种需要而固定下来的。

五代至宋，中央委派朝官出知州军，主要是针对节镇势力的。当时的节镇，就其与中原朝廷关系而言，有公开对抗和大致顺服两种类型。

对于悖逆类型的藩镇，通常以武力平定，“凡下州

① 《旧五代史》卷一一五《周书·世宗纪二》，第1535页。
② 《长编》卷一三，开宝五年叙事，第293页。

郡，即命朝臣领之”[①]。后周广顺中，平慕容彦超反叛，即命端明殿学士颜衎权知兖州军州事。[②]北宋建隆元年（960 年）冬，平淮南节度李重进，即以宣徽北院使李处耘权知扬州。[③]

在宋初统一过程中，亦采取这种方式。乾德元年（963 年）春，对荆湖用兵之后，即派户部侍郎吕余庆权知潭州，给事中李昉权知衡州，枢密直学士、户部侍郎薛居正权知朗州，又以王仁赡权知荆南军府事。[④]当时，荆南、潭、朗州“管内文武官吏并依旧”，而命刑部郎中贾玭等通判湖南诸州，此后更明确规定“应诸道州府公事，并须长吏、通判签议连书，方得行下”[⑤]。至开宝年间，通判已经在各地普遍设立了。

对于基本依从的藩镇，中央主要是采取限制步骤。一方面要求他们向中央申报阙员，而不许自行差摄；

① 《宋会要辑稿·职官》四七之三，第 4266 页上。

② 《旧五代史》卷一一二《周书·太祖纪三》，第 1481 页；《资治通鉴》卷二九〇，广顺二年五月丁丑，第 9478 页。

③ 《长编》卷一，建隆元年十一月乙丑，第 29 页。

④ 《长编》卷四，乾德元年三月庚午、四月乙酉、四月丙午、六月丁酉，第 87、88、90、95 页。

⑤ 《宋会要辑稿·职官》四七之五八，第 4296 页下。

另一方面俟其去职，州府出阙，时或继以朝臣权知。后周广顺二年（952年）底，符彦卿自青州改天平节度使，即由合门使、知青州军州事张凝典领州务；[①]符彦卿自天平移镇大名，又以皇城使吴廷祚权知郓州。[②]广顺三年（953年）初，延州节度高允权卒，其子绍基欲求继袭，朝廷则派客省使向训知延州军州事。[③]北宋建隆元年（960年）七月，成德节度使郭崇入朝，以宣徽南院使昝居润权知镇州；[④]建隆四年（963年）夏，凤翔节度王景卒，两天后，即派尚书左丞高防权知凤翔府。[⑤]

当时，节度使多兼治所州刺史，节度在镇时，该州一般不并设"知军州事"，以避免朝臣与方镇发生直接的争权冲突。比较明显的例证是："建隆四年，襄州节度慕容延钊征湖南，以〔太常卿边〕光范权知州事……是冬郊祀，召还。会延钊卒，复知襄州。"[⑥]同年："贝

① 《旧五代史》卷一一二《周书·太祖纪三》，第1486页；《资治通鉴》卷二九一，广顺三年正月丙辰，第9488页。
② 《宋史》卷二五七《吴廷祚传》，第8947页。
③ 《宋史》卷二五五《向拱传》，第8908页。
④ 《长编》卷一，建隆元年七月戊午，第19页。
⑤ 《长编》卷四，乾德元年五月辛酉，第91页。
⑥ 《宋史》卷二六二《边光范传》，第9080页。

州节度使张光翰来朝，遣〔给事中刘〕载权知州事。光翰归镇，载还，知贡举。”[1]这大致上如李焘在《长编》卷六所说：“时方镇阙守帅，稍命文臣权知。”与此同时，支郡亦渐以朝官权知。这种从节度使兼领刺史制向朝官出知州军制转变的方式，使得权力过渡比较平稳。

经过十数年的经营，太祖末年，诸道之内，京朝官知州、通判已经普遍设立。太宗即位，监司受命“以三科第其能否”，以便大行诛赏。[2]此时，罢天下节镇领州郡的时机已经成熟。于是，太平兴国二年（977年），太宗采纳李瀚建议：

> 诏邠宁泾原鄜坊延丹陕虢襄均房复邓唐澶濮宋亳郓济沧德曹单青淄兖沂贝冀滑卫镇深赵定祁等州并直属京。天下节镇无复领支郡者矣。[3]

事实上，此处列举的三十九州中，有近半数是节度

① 《宋史》卷二六二《刘载传》，第9081页。
② 《长编》卷一七，开宝九年十一月庚午，第385页。
③ 《长编》卷一八，太平兴国二年八月戊辰，第411页。

所在州，而非严格意义上的“支郡”。而即便在这一措施之后，节度使仍有直接治理本镇驻节州府者。节度使“皆不签书钱谷事”“其事务悉归本州知州、通判兼总之”[①]的制度，到真宗时才最终全面确定下来。

总之，在经过长期乱离之后，统治者在实施“列郡以京官权知”的政策时，是十分审慎的。北宋开国后，第一批被委以“知军州事”的朝官，仍然是一个个被分别派往或用兵地带，或新复区域，或节度调任出阙处的；其后，逐渐普遍于诸州施行，知州军者文武参用，而以文臣为主。对此，宋太祖曾表白自己的意图说：“朕今选儒臣干事者百余，分治大藩，纵皆贪浊，亦未及武臣一人也。”[②]

《宋会要辑稿·职官》四七之一“判知州府军监”条说：

> 周朝州镇有阙，或遣朝官权知。太祖始

① 《宋会要辑稿·职官》四七之一，第 4265 页上；《宋史》卷一六六《职官六》，第 3946 页。

② 《长编》卷一三，开宝五年，第 293 页。

削外权，牧伯之阙止令文官权知莅，其后文武官参为知州军事。[①]

短短两句话背后，隐藏着无数复杂错综的内容，正是这种种曲折，布成为唐末至宋初百年间政治历史舞台上丰富多彩的场景。

京朝官知县事的制度，也是在北宋初年确立的。《长编》卷四：

（乾德元年六月庚戌）命大理正奚屿知馆陶县，监察御史王祜知魏县，杨应梦知永济县，屯田员外郎于继徽知临清县。常参官知县自屿等始也。时符彦卿久镇大名，专恣不法，属邑颇不治，故特选强干者往莅之。

在这段记载之后，李焘有一段考证文字：

---

① 《宋会要辑稿·职官》四七之一，第4265页上。

> 诸书皆言京朝官知县自奚屿等始。按《实录》建隆二年十一月己丑，以祠部郎中王景逊为河南令，职方员外郎边珝为洛阳令，左司员外郎段思恭为开封令，驾部员外郎刘涣为浚仪令，代卢辰、张文遂、边玗、宋彦升等，不知何故诸书乃言知县始此。岂“令”与“知县”不同乎？当考。[1]

李焘的推测是有道理的。派朝官出任赤畿及要剧县令的做法前代已有。后唐清泰时，明令两使判官、畿赤令长，选取郎中、员外、补阙、拾遗等官担任。[2]后汉乾祐时，高防自屯田郎中改浚仪令；后周显德中，董枢以左补阙迁浚仪令等皆是。[3]这种更迭出入的任官方式，对于沟通中央与地方的联系，有着不可低估的作用。但与此同时，却给铨选工作带来了一些麻烦。这主要是因为，升朝官与州县官，身份高下迥异，职任的内外调易，

---

① 《长编》卷四，乾德元年六月庚戌，第96—97页。

② ［清］董诰等编：《全唐文》卷一一三《选京员为两使判官、畿赤县令诏》（北京：中华书局，1983年），第1159页上。

③ 《宋史》卷二七〇《高防传》，第9260页；《董枢传》，第9278页。

往往造成其地位、待遇的不同。这个问题如不解决，势必伤害外任官员的治事积极性。

《五代会要》卷二二《吏曹裁制》记载了这样一件事：以前身为升朝官的李玭，被派往郓州任卢县令，后唐长兴二年（931 年）卸任归阙，赴铨参选。对于他是否需要按州县官格例守选，产生了不同意见。分歧的关键在于，衡量他目前身份的基准，究竟应该是其“前任”升朝官，抑或是其“今任”州县官。这种问题必须从制度上予以解决。

“知县”制度的出现，较好地解决了这一问题。“知县事”与“知军州事”一样，都是由京朝官带本职事官赴外任差遣；转迁之际，可以升陟其“官”而不易其任。有时甚至直接加县令以京朝官衔，而知县事。建隆初，侯陟为冤句令，以清干著称，次年擢为左拾遗，仍知县事；[①] 乾德初，以泾城县令段滔为国子博士，知县事如故。[②]

① 《长编》卷二，建隆二年八月甲寅，第 53 页；《宋史》卷二七〇《侯陟传》，第 9273 页。

② 《长编》卷四，乾德元年七月壬戌，第 98 页。

宋太祖派奚屿等出知剧邑的诏令中，说“特选士于朝行，断自朕心，以重其事”[①]。这时的知县，还是临时委派的，尚未列为差遣系统中的一级资序，亦不经吏部拟任除注。资序系统的形成与相对固定化，主要是宋太宗与真宗时期的事。

唐五代以来，临时差遣职任的增多，使任事者所带官衔与所任职事的分离日益普遍，出现了所谓“职事官系统阶官化”的趋势。这种状况，是在制度令文不适应现实变化、用人权力分散的情势下发展起来的。而原职事官固定为阶官系统，并与差遣实职更为彻底地分离开来，则是在北宋集中用人权力、加强治事机构效能的努力中实现的。

五代末年，后周的中书舍人窦俨向世宗上疏，建议由宰臣推举辅相，并提出：

〔若〕陛下向不知名，或官品未称，则令以本官权知政事……如能兴利除害、献可替否、

① 《宋会要辑稿·职官》四八之二五，第4321页下。

进贤才、退不肖，则迁其官，加其秩。官高者则受平章事，未高者但循资而转，且令权知。如其非才，即便守本官，罢知政事，让其举主。[①]

在这段话里，窦俨将高层官员任用中“本官”所应起的作用表达得十分清楚。

就普通官员而言，窦俨一方面在《陈政事疏》中尖锐批评“今朝廷多士，省寺华资，无事有员，十乃六七，止于计月待奉，计年待迁”，一方面提出了疏导“有员无事者”任职流向，增重外任“益国利民”的主张。[②]据说周世宗“览而善之”[③]，却未及全面实行。

应该说，此时的士大夫已经不再局限于唐代后期陆长源等人的认识水平上了。他们开始另寻出路，并且已经意识到充分利用本官（原职事官）的安定、调节作用，而另建一套差遣治事系统的可能性与必要性。

北宋初期，大批京朝官外任，“由是内外所授官多

① 《全唐文》卷八六三《上治道事宜疏》，第 9045 页下。
② 《宋史》卷二六三《窦俨传》，第 9096 页。
③ 《资治通鉴》卷二九三，显德四年九月，第 9672 页。

非本职，惟以差遣为资历”[①]。三省六部官员不理本司职事的状况，已被承认下来，并有了进一步的发展，“事之所寄，十亡二三……居其官不知其职者，十常八九”，真所谓“宋承唐制，抑又甚焉”。[②]

这恰恰体现出北宋决策人物的高明之处。他们看到隋唐以来的散官系统，至此除“粗系服色”外已很少再有标志身份的意义；三省六部职事官系统被诸多使职抽取了职事，空余序位之官称。他们继承了前代遗留的既成局面，却舍弃了唐代后期以“官”为中心的调整思路，不再把“官复其职”作为整顿的目标；而从原有窠臼中超脱出来，因势利导，以“所任之事”为中心，依事任设阙名，索性以职事官体现官员待遇及地位，而另建有效能的治事体系，从而形成了“官以寓禄秩、叙位著，职以待文学之选，而别为差遣以治内外之事”的设官分职制度。

宋初在整理任官制度时，体现出浓厚的务实色彩，比较妥帖地解决了眼前矛盾，顺利平稳地实现了用人权

① 《宋史》卷一五八《选举四》，第3695页。
② 《宋史》卷一六一《职官一》，第3768页。

力的转移，同时亦使“官”与“差遣”的分离固定下来。当时的本官系统利用了原职事官的称谓头衔，官与差遣的分离，表现为职事官名衔与其职事的分离。这也造成了宋代官制中纷繁复杂、名实不侔的现象，在赵宋统治稳定之后不久，即受到朝野人士的批评。要求“正名”的呼声，终于导致了宋神宗时期以“以阶易官”“台省寺监官实典职事”为主要内容的“元丰改制”。唐中叶至此三百余年间，任官制度历经冲击、变更与整理，形成了螺旋式的转折。如果我们将考察的目光延展至南宋时期，可以说，走过了一个大的“之”字形。

原载《北京大学学报（哲学社会科学版）》1990年第2期，略有修订。

北宋的循资原则及其普遍作用

循资，即依资递迁、按资排辈，这种升迁原则在中国官僚制度史上曾长期发生作用。唐代中叶，体现这一原则的条格——《循资格》正式颁行；北宋时期，循资原则极大地膨胀起来，成为铨选制度中窒息人才的重要原因。

一、北宋对于选格的删修

北宋开国伊始，即着手整顿铨综秩序。太祖曾于建隆、乾德、开宝年间三次删定、颁布选格。[1] 十数年间屡修屡定，这一事实本身就说明了统治者对于官吏铨选问题的关注程度。当时删修的重点，是《长定格》与《循

① 《长编》卷三，建隆三年十月癸巳，第 73 页；卷五，乾德二年正月甲申、二月戊申、七月庚寅，第 117、121、129 页；卷一四，开宝六年末，第 311 页。

资格》。

选格是有关铨选的规定条文，包括参选条件、手续、铨注程限等内容。它关系到国家的人事大权，为历代统治者所重视。

《长定格》即《长定选格》。唐代中期以前，每年五月下发选格至各州县。唐文宗开成二年（837 年），为改变逐年临时颁布选格的状况，宰相李石奏《长定选格》。[①] 然而，名为“长定”，实未长行，次年二月即被废止。不过，《长定格》的名称却被后世沿用下来（晚唐可能已经重行《长定格》，惜未见诸记载）。

时至五代，唐明宗天成二年（927 年）十二月重修《长定格》，闵帝应顺元年（934 年）闰正月再次修定。[②]

宋代继续行用《长定格》，其内容包括有关入流、授官、考课以及铨选程序等方面的一系列规定。[③]

《循资格》是选格中的一项重要内容。它始行于唐

① 《旧唐书》卷一七下《文宗纪下》，第 569 页；《唐会要》卷七四《选部上》，第 1590 页。

② 《旧五代史》卷一四八《选举志》，第 1984 页。

③ 《宋会要辑稿·职官》五九之一，第 4633 页；《长编》卷一〇〇，天圣元年五月戊寅，第 2323 页；〔宋〕田锡撰，罗国威校点：《咸平集》卷三〇《考词》（成都：巴蜀书社，2008 年），第 360、361、365 页。

代中叶，其内容主要是关于依照停替参选的前任官之资序以及未曾任官（所谓“无前资”）的选人之出身年限注官的种种规定。后来人们常说的“资格”，正是从这里演化出来的。

建隆三年（962年）颁布的《长定格》，是在唐、五代选格基础上删削而成的。乾德二年（964年）正月，朝廷于同一天内下诏重修定《循资格》和《四时参选条》，正表明在铨选中这两组格条是相依为用、缺一不可的；后者加快了注拟更替的节奏，前者却限定了选人资格。二者相互影响、相互制约，以求甄叙有伦。开宝六年（973年）公布的《长定格》《循资格》，经过一番整理考订，内容更为系统，可以看作是当时对于调整铨选原则的一次小结。删修选格，使选拔、注拟官吏的工作有格条可循，摆脱了晚唐以来的混乱状况，逐渐走上了正轨。

其后的历代帝王，也都曾派专人把大量敕令格式加以整理，删除繁复，取其可以久行者，定为铨曹条令。例如，仁宗庆历四年（1044年）二月，至和二年（1055年）十二月，删定审官院、流内铨条贯；英宗治平元年（1064年）四月，知审官院王珪上《新编本院敕》（《嘉祐审官院编敕》）十五卷，三年（1066年）五月，吏部流内铨进《铨曹格敕》十四卷；神宗元丰四年（1081年），检正中书吏房公事曾伉奏《新修吏部敕令式》，六年（1083年）八月，吏部尚书李清臣进吏部《备选具员》十册，其中不仅编次了京官以上乡贯、出身、历任功过，还包括有总目、事目、别录、圣训及吏部人才之辨诸项；[①] 哲宗元祐元年（1086年）三月，尚书省上《吏部四选敕令格式》，六月诏吏部重修《简要选法》，[②] 等等。直到北宋灭亡前不久，靖康元年（1126年）秋，钦宗还令吏部编纂四选条例。[③]

今存《庆元条法事类》和《吏部条法》，虽然是南宋后期修定的，但其内容应是在北宋铨选令文的基础上形成的，反映了有宋一代的铨选科格。铨格十分细密、

① 〔宋〕王应麟辑：《玉海》卷一一七《治平铨曹格式》（影印光绪九年浙江书局刊本，南京：江苏古籍出版社、上海：上海书店，1987年），第2171页上；《宋会要辑稿·选举》二四之一二，第5704页；〔宋〕王珪：《华阳集》卷八《乞施行审官院敕札子》，《景印文渊阁四库全书》第1093册（台北：台湾商务印书馆，1986年），第59页下—60页上。

② 《长编》卷三七三，元祐元年三月戊午，第9037页；《长编》卷三七九，元祐元年六月庚子，第9215页。

③ 《宋会要辑稿·职官》八之八，第3235页下。

纷繁，正式条文下面，一般还附有注文，进行具体阐述、疏释。

除去多次有组织地、较全面地修定选格之外，宋王朝还针对实际情况，随时发布诏令，对选格进行临时的、局部的调整。

在宋代，可以视为铨注依据的，既有“条”，还有“例”。二者的关系，在当时是个突出的问题。“例”所代表的，往往是带有局部性、临时性的处理方式。有些事例得到了朝廷的认可和一般习惯的承认。由于“例”数量多，涉及广，适应性、灵活性强，所以经常被汇集起来，作为条法的延伸、补充形式，引用为以后处理类似问题时的依据。而中央政权亦承认这种办法，承认其法律效力，有时甚至明令“著为例”。[①] 中书堂除有“例簿”，[②] 吏部四选有“例册”。[③] 以例决事，吏部最多。铨选中，不仅“以例释条”，且若

① 《长编》卷一九九，嘉祐八年十二月己卯，第 4840 页。

② 《长编》卷六三，景德三年二月戊戌，“〔寇〕准在中书……尝除官，同列屡目吏持例簿以进”，第 1389 页。

③ 《玉海》卷一一七《绍兴编七司例册》，第 2127 页。

无条有例，则许依例处断。[①] 事实上，“以例破法”的状况，是广泛存在着的。

无论是“条”还是“例”，贯彻其中的主要原则是一致的，即“依资叙迁”“以资格授”。

二、宋代《循资格》的主要内容及循资原则的普遍作用

唐代开元十八年（730年），当时的吏部尚书裴光庭奏定《循资格》，用以注拟六品以下选人。[②]

《循资格》不是“循年”格，不是单纯按年头排名次，而是据“资”定选数，依选数分先后。它考虑了许多复杂因素：出身途径、官品高卑、职务剧易等，这些方面对决定官员选数的多少各起一定的作用。但总的说来，

① 《长编》卷二三九，熙宁五年十月壬辰，记载了宋神宗与王安石等人议论程昉迁官问题的一段对话，其中有云：“上又言：‘路分都监、钤辖，于条都无著定资序。’安石曰：‘虽无条，然自有熟例。’”（第5814页）遂得依例迁之。

② 《旧唐书》卷四二《职官一》，第1805页。

其特点是：官高者选少，官卑者选多；不问能否，贤愚一概，选数满了就可以到吏部赴集注官。[①]这种把官资、停替年限和选数联系起来的做法，正是北魏崔亮《停年格》[②]的翻版。

开元二十一年（733年）裴光庭死后，萧嵩、张九龄等人奏请废止了《循资格》。但实际上，《循资格》奉行的注重资历的原则一直沿用下来。[③]

宋代的《循资格》虽然是沿袭唐制，但具体规定及实行办法则与唐有所不同。

北宋的《循资格》比唐代细致得多，区分为常调、酬奖、恩例、奏荐等不同类型；[④]其适用范围主要是吏部流内铨所负责的幕职州县官；具体内容则是不同阶次

---

① 《通典》卷一五《选举三》，第361页。

② ［北齐］魏收撰：《魏书》卷六六《崔亮传》（北京：中华书局，1974年），第1479—1480页。

③ 《资治通鉴》卷二一三，开元二十一年六月癸亥，第6802页；《旧唐书》卷八四《裴光庭传》，第2807页；《新唐书》卷一二六《张九龄传》，第4428页。

④ 《宋史》卷一六九《职官九》"吏部流内铨诸色入流及循资、磨勘选格"，第4039—4043页。

的选人依其出身、考任数与举主人数，[1] 在七资四等内依次递升的条件。[2] 因此，宋人对于“循资”的解释，往往与“选人七阶”相联系。例如，《石林燕语》卷三“国朝选人寄禄官凡四等七资”条下说：

> 以劳叙赏，谓之“循资”。[3]

《文献通考·选举考十二》引陈傅良语也说：

> 选人七阶，祖宗朝以考第资历无过犯或有劳绩者递迁，谓之“循资”。[4]

---

① 北宋虽一般规定三考为一任，任数与考数似能依此折合，实际上，由于种种原因（例如差遣临时调易、官员因事离职以及员多阙少的矛盾等），考数与任数在大多数情况下是分离的，实有考数常少于相应任数所应达到之考数。所以，凡涉及考、任之处，往往特别说明“× 任 × 考”。

② 北宋选人（此处主要指幕职州县官）分为两使职官、初等职官、令录、判司簿尉四等，共七阶；徽宗崇宁、政和间，定选人七阶之称，自上至下为承直郎、儒林郎、文林郎、从事郎、从政郎、修职郎、迪功郎。

③ 〔宋〕叶梦得撰，宇文绍奕考异，侯忠义点校：《石林燕语》卷三（北京：中华书局，1984 年），第 46 页。

④ 《文献通考》卷三九《选举考十二》，第 1152 页。

北宋《循资格》应包括很多细致的条文，然存传到今者已不多见。《续资治通鉴长编》卷五、《宋史·选举志四》记载了乾德二年（964 年）七月颁布的陶谷等人议定之《少尹幕职官参选条件》（后文简称《参选条件》），该《参选条件》被王应麟径称为《少尹幕职官循资格》。[①] 其中规定了初等职官以上依入仕年限计资迁阶的转官办法。官员在某一差遣任内达到一定的年限、积累了一定的考数，即可“成资”（或曰“得资”），亦即被承认已具备了该差遣职务的资序。

“成资”与“满任”不是同一概念。宋初，不同类别、等级的官吏，成资所需年限不同。据上述《参选条件》，初等职官及两使职官地位较低者，三周年得资；而支掌防团判官以上，则二周年即可成资。北宋时，文职京朝官一般是三考满任而两考成资。

南宋人赵升在其《朝野类要》卷三中，解释“成资”为“满任也”。《中国历史大辞典·宋史卷》“成资”条以及一些学者的研究文章，也认为宋代差遣任满即为

① 《玉海》卷一一七《建隆循资格》，第 2169 页。

“得资”。我以为，这种说法很成问题。

北宋史料中，经常涉及成资与满任的区别。如，《临川先生文集》卷四二《论许举留守令敕札子》：

> 今若使系三年及三十月替者，须候成资方得举留再任，比及朝廷报许，即其人系三十月替者，已及替期；系三年替者，亦已去替期不远，待阙之人亦已赴任……[1]

可见成资与满任（得替）绝非同时，无须满任，即已成资。

宋代依差遣性质、任职地区、职务剧易、初任再任以及除授部门（堂除或吏部除）之不同，满任时间长短亦不同，有三年满、三十月满、两年满等等。北宋后期，为解决“员多阙少”的矛盾，更令部分京朝官以成资为任。就其阙额而言，有了“成资阙”（注：成资阙者，其成

① 〔宋〕王安石撰，中华书局上海编辑所编辑：《临川先生文集》卷四二《论许举留守令敕札子》（北京：中华书局，1959年），第449页。

资年限与满任年限一致）与“年满阙”的区别。[①] 绍兴二年（1132 年），臣僚上言：

> 国家之制，文臣京朝官、武臣堂除官皆二年而代，谓之“成资”；文臣选人、武臣吏部差者，皆三年而代，谓之“年满”。[②]

南宋《吏部条法》考任、关升等门中，都载有明确条文：

> 诸称经历任，谓二年成资以上。[③]

官员在其任内是否成资，所获待遇不同。例如，成

---

① 《长编》卷二九一，元丰元年八月壬寅，第 7110 页；卷三七五，元祐元年四月辛丑，第 9096 页。

② 《宋会要辑稿·职官》六〇之二七，第 4680 页上。

③ 佚名编，刘笃才点校：《吏部条法·考任门》“尚书侍郎左右选通用令”，杨一凡、田涛主编：《中国珍稀法律典籍续编》第 2 册（哈尔滨：黑龙江人民出版社，2002 年），第 197 页；又见《吏部条法·关升门》“应称经历任，谓二年成资以上”，第 293 页。

资后去任，可理为任；[①]已成资者过犯责罚，与同罪而未成资者轻重不侔；[②]而且，成资与否决定其所理资序，这直接关系到转官的阶次，特别是差遣的升陟等。[③]因此，官员多希望能在任内成资，朝廷亦往往待他们成资之后调易其差遣。[④]

北宋就制度规定而言，《循资格》只适用于幕职州县官，而循资原则之实际影响所及，却远不止此。它既关系到选人，也关系到京朝官；既影响到官秩的迁转，也影响到差遣的除授；即便是中书堂除，也很难冲破依资注拟的原则及其成例。

景德年间，寇准在中书，不甘受例簿束缚，破格提拔寒畯之士，而这恰恰成为他被罢相的原因之一。天圣初，王钦若曾作《叙迁图》；[⑤]景祐中，主张改革的范

① 《宋会要辑稿·职官》一〇之二一，第3290页下。

② 《吏部条法·差注门》，第3页。

③ 如，《长编》卷一一七，景祐二年七月癸卯，第2746页。

④ 《长编》卷一〇九，天圣八年正月辛巳、三月庚申，第2536—2537页；卷一一二，明道二年七月庚辰，第2622页；佚名编，司义祖整理：《宋大诏令集》卷一六二《省台寺监牧守监司以三年为任诏》（北京：中华书局，1962年），第617页。

⑤ 《玉海》卷一一八《天圣叙迁图》，第2182页。

仲淹亦制《百官图》。[①]这说明当时百官的叙迁早已具备了一定的规程。《宋史·职官志九》所载“文臣京官至三师叙迁之制”，是仁宗时期施行的，[②]正是依资叙迁原则的具体反映。

宋代，得中进士高第，即觅得了“终南捷径”，甚至十数年间可达宰执。北宋上层官员中，很有一些“中年”者在。然而，这批人也多是依成例而迁除的。北宋中期以后，不仅一般文武官员，即便是被视为清要、储材之地的馆职之除授、[③]高级官员乃至两府之任命，亦间或受到讲求资格原则的影响。《宋宰辅编年录》卷七，熙宁二年（1069年）十月丙申“陈升之拜集贤相”条注云：

> 升之资历高于〔王〕安石……故安石劝上

① 《长编》卷一一八，景祐三年五月丙戌，第2783页。

② 《长编》卷四三五，元祐四年十一月庚午条注引《两朝国史·职官志》，第10475—10477页。

③ 《长编》卷三七三，元祐元年三月乙酉，第9038页；卷三七九，元祐元年六月庚子，第9216页。

先用之。[①]

《长编》卷二一八，熙宁三年（1070年）十二月丁卯条注文引林希《野史》说：

> 王珪参知政事。谢景温曰："珪徒有浮文，执政岂所宜耶？"上曰："珪久次，姑容之。"[②]

熙宁年间，资格之法受到较大冲击，犹且不能不对宰执资格问题有所顾及，则在其他时期内，资格的影响更可想见。

此外，下至群吏百工伎术人等，亦不论才艺绩效，皆凭年劳次补。结果，枢密院吏迁至主事而"懵其职守"，乐工"抱其器而不能振作"。[③]

有宋一代，循资的原则渗透到了铨选制度的各个方

---

① 〔宋〕徐自明撰，王瑞来校补：《宋宰辅编年录校补》卷七（北京：中华书局，1986年），第409页。

② 《长编》卷二一八，熙宁三年十二月丁卯，第5301页。

③ 《长编》卷六三，景德三年六月壬辰，第1408页；卷四八，咸平四年二月甲子，第1051页。

面，特别在中下层官僚的选任制度中始终起着支配作用。南宋灭亡后，胡三省在为《资治通鉴》开元十八年（730年）四月“定《循资格》”条作注时，有感于宋之弊政，痛心地指出：

> 循而行之，至今犹然。才俊之士老于常调者多矣！①

三、关于铨选制度中的“资”和“资序”

铨选制度中的“资”，是个十分复杂的综合体，它既是地位高低的标志，又有其具体内容。

象征地位的官资，是由出身、年劳、考绩、功过等多种因素决定的，而其核心则是年劳。入官年久，则资深——这就是在铨选中与考绩相并行、相对立而存在的年资。

① 《资治通鉴》卷二一三，开元十八年四月乙丑，第6789页。

对选人来说，积考得资，依资叙阶，“资”与“考”“阶”有不可割断的联系，是“考”与“阶”之间的枢纽。在宋代史料中，常常会见到“循一资”“超一资”的说法，这里的“资”一般是指依资应转到的阶。“选人七资”亦即“选人七阶”。幕职州县官最低层的判司簿尉，如受到“循一资”酬奖，系初任者入知令录，而次任二考以上则入正令录。[①]“超一资”则是越过应转的一阶。

“资”有与“选”、磨勘年、官阶等相应的折合方法。《宋会要辑稿·职官》载有建隆三年（962年）县尉捕贼赏罚条令，其中说道：

> 所有捉贼期限赏罚……“减一选”者超一资，“殿一选”者折一资。[②]

可见，在当时，“超一资”大致相当于“减一选”（选

① 《宋史》卷一六九《职官九》“吏部流内铨诸色入流及循资、磨勘选格”，第4039—4043页。

② 《宋会要辑稿·职官》四八之六〇，第4354页下。

人提前一年参选注官），反之亦然。

真宗年间实行磨勘法之后，文资京朝官“居官三周，例迁一级”，[①]选人六考可以磨勘改合入京朝官。[②]当时，“迁一资”优于“减二年磨勘”（提前二年改转官秩）。[③]英宗时，京朝官磨勘期限延长至四年。[④]此后，通常“减四年磨勘”相当于“转一官”，[⑤]选人循一资即类似京朝官减二年磨勘，循两资则减三年。[⑥]

就京朝官而言，“迁一资”是指依序递升一个位次，它不考虑官员身份方面的差异，这与“转一官”不同。转一官有时相当于迁数资，所转得之官秩，依其有无出身、差遣剧易、原寄禄官之高低以及是否带职等因

① 《长编》卷一三二，庆历元年五月壬戌，第3124页。

② 《宋会要辑稿·职官》一一之七、一一之一二，第3309、3315页。

③ 《长编》卷一五二，庆历四年九月乙亥，“田况上保州城下官员有功者……第二等三人，迁一资；第三等一十三人，与减二年磨勘”，第3701页。

④ 《宋大诏令集》卷一六二《定磨勘年限诏》，第616页。

⑤ 〔宋〕李心传撰，徐规点校：《建炎以来朝野杂记》甲集卷一二《减年对实历磨勘》（北京：中华书局，2000年），“旧制，以恩例减磨勘年者，率以四年为一官”，第244页。

⑥ 《吏部条法·磨勘门》，“诸承直郎以下应循资转官而已改官者，循两资减三年磨勘，一资减二年磨勘”，第350页。又，《宋会要辑稿·职官》一一之二〇载元丰元年所定酬奖等第，京朝官“减磨勘二年”与选人“循一资”同等，第3324页。

素而有所不同。例如，一般是无出身逐资转，有出身超资转。《宋史·职官志九》“文臣京官至三师叙迁之制”条，“常调转〔郎中、〕[①] 员外郎”之下，有云：“带待制已上职……仍隔一资超转。”[②] 又如，同书同卷“工部侍郎”条下，注文曰：“转刑部侍郎，两府转户部侍郎，宰相转兵部侍郎。”[③] 这说明，在升迁起点相同的情况下，同为“一转”，而所迁得之官却不相同。在当时，依阶逐资转，与“双转”“超转”相对而言，被称为“细转”。[④]

景祐四年（1037 年）王随为相，自吏部侍郎迁至门

---

① 据《长编》卷四三五，元祐四年十一月庚午条补，第 10475 页。

② 《宋史》卷一六九《职官九》，第 4023—4026 页。《长编》卷四三五，元祐四年十一月庚午条注引《两朝国史·职官志》，第 10476 页。

③ 《宋史》卷一六九《职官九》，第 4027 页。

④ 〔宋〕陈傅良：《止斋先生文集》卷四三《策问》“乃者改秩有双转、有细转……”（上海：商务印书馆，1929 年），第 5a 叶；〔宋〕赵汝愚编，北京大学中国中古史研究中心校点整理：《宋朝诸臣奏议》卷六九丁骘元祐三年《上哲宗论寄禄官宜分左右》疏，其中说：“……侍从臣寮则自礼部迁户部、户部迁吏部；常调臣寮则自工部迁刑部、刑部迁兵部，累而至吏部，凡五迁，谓之‘细转’。”（上海：上海古籍出版社，1999 年），第 759 页；《文献通考》卷六四《职官考十八》：“今任子杂流惟细，转通直郎、奉直中散二大夫（有出身人不转）。”第 1932 页。

下侍郎，超越十资；[①] 熙宁七年（1074 年），王安石初次罢相日，寄禄官自礼部侍郎迁至吏部尚书，转九资。[②] 这里所说的“九资”“十资”，是把升陟的起讫阶之间的每一位次皆计算在内，而不考虑各人的不同身份。以王随为例，说他超越十资，是把吏部侍郎至门下侍郎（以左仆射兼？）之间的逐一位次都算在内，并不顾及他的现任宰相身份。（按一般规定，当时的宰相如果官为吏部侍郎，则四次转官可至左仆射：自吏侍转左曹后、中、前行尚书，再转左仆射。[③]）

武职诸司使副，常见升五资甚至十五资的情况，多以升数资为转一官。仁宗时，曾规定五资为一转。[④] 若系战功酬奖，一般每迁一资即转一官，元祐初改为合门副使、左藏库副使以上两资转一官，客省使及皇城使以

① ［宋］苏舜钦著，沈文倬校点：《苏舜钦集》卷一一《诣匦疏》（上海：上海古籍出版社，1981 年），第 130 页。

② 《宋宰辅编年录校补》卷八，第 434 页；《长编》卷五一〇，元符二年五月乙丑曾布言，第 12146 页。

③ 参见《宋史》卷一六九《职官志九》“文臣京官至三师叙迁之制”，第 4027—4028 页。

④ 《长编》卷一一三，明道二年八月甲子，第 2635 页。

上三资转一官。[1]

在叙迁之制中，由于每个资次都有与其相应的官称，在不少情况下（比如“细转”）迁一资亦即转一官，所以，宋人亦有将“资”与“官”混称者。但是，一般来说，二者并不完全等同。

前代依资注拟，所居官与其职事基本一致。宋代官与差遣分离，循资原则发生作用的形式亦随之产生了变化。在注授差遣时，“资”的变种——“资序”应运而生。[2]京朝官之“差遣”与“官”的分离比较彻底，因而其“资序”与“资”的分化亦尤为明显。

宋代的资序问题十分复杂，而在当时的政治生活中，在士大夫的仕宦途程中，它的实际作用，比决定寄禄品阶的“资”更为重要。南宋的章如愚说：“官秩则计岁

① 《长编》卷三六八，元祐元年闰二月甲午，第8873页。

② 一般情况下，“资序”（“资叙”）一词用于差遣的除授之中，但并非绝对。如《长编》卷一〇一载天圣元年十二月诏，“御史台主簿多是资序合入大理寺丞、著作佐郎，除授之时并理光禄寺丞……自今更不理光禄寺丞资叙，只守本官，仍支与前任请受。候三年满无遗阙，依元入官资叙与京朝官”，第2344—2345页。

月久〔暂？〕而迁转，差遣则视资次高下而指射。”[①] 这里的“资次”，应该主要是指资序。

资序，即资任、资历，是“资格”的主要体现。其内容包括差遣职务的高低和任数（宋代官吏酬奖中，有“升一任”之目，意即提高该员资序）。例如下至初任下县簿尉，上至河北、陕西、河东三个重路的转运使，皆可理作资序；至于称某人为“第一任知州资序”“第二任知县资序”等，更是屡见不鲜。资序系统，主要是由诸多外任差遣层次（亦包括在京百司中如三司使副、判官之类确有固定职事的职任）构成的，即所谓“唯以差遣为资历”。北宋前期的省台寺监官，无常职、无定员，多以特敕权判某司事，虽较灵活，亦很纷淆；而外官差遣职任既涉及大量官员，又较为典型、较为整齐划一，容易比照，因此一般成为内外百司官员除授差遣时共享的叙理体系。

元丰改制，“领空名者，一切罢去，而易之以阶，

① 〔宋〕章如愚辑：《山堂先生群书考索·续集》卷三八“铨选·磨勘考课”条，《中华再造善本》影印元延祐七年圆沙书院刻本（北京：北京图书馆出版社，2006 年），第 17a 叶。

因以制禄”[①]，过去用以寄禄的职事官称一一对易为寄禄阶，而另依其原有资序授予新的职事官。《古今合璧事类备要·后集》卷二六“员外郎”条引《四朝志》：

> 本朝元丰官制，六曹郎官理郡守以上资任者，郎中；通判以下资序者为员外郎。[②]

至此，寄禄官阶系统中发生了一次整顿、变革。官与差遣虽仍分离，却改换了形式。原已形成的资序系统与大夫、郎寄禄系统互为表里、相兼而行，拟差遣时凭资序，寓禄秩则用阶官。

宋代外官的资序主要分为两等，即亲民官与厘务(或曰监当)官。[③]亲民官指负责民政的地方各级行政长官，厘务官则是派驻各地监管财务（如茶盐酒税、冶铸等事）的官员。分任此两等官者，往往因其出身、经历不同而

---

① 《长编》卷三〇七，元丰三年八月乙巳诏，第7462页。

② 〔宋〕谢维新编：《古今合璧事类备要·后集》卷二六，《中华再造善本》影印元延祐七年圆沙书院刻本（北京：北京图书馆出版社，2006年），第12b叶。

③ 《宋史》卷一六一《职官一·序》：“外官则有亲民、厘务二等，而监军、巡警亦比亲民。”第3769页。

各异。恩荫入仕者，多先任监当，两任后转亲民；[①]亲民官考第劣等者，往往降监当。[②]亲民、厘务之别，本就其工作性质不同而言。而在宋代，有些监当官可以理亲民资序，有的亲民官却任监当之事。[③]同一寄禄阶，理亲民资序者品位较高。[④]

北宋时，虽间有调整，但一般讲，监当入亲民、知县入通判、通判入知州，多以两任为限。[⑤]

元祐二年（1087 年），垂帘听政的太皇太后高氏，为能亲自把握人事除授大权，特地向老臣了解本朝的注

---

① 《吏部条法·差注门三》："应奏补京官，初任唯注监当。"第 89 页；〔宋〕杨仲良：《皇宋通鉴长编纪事本末》卷六七《裁抑臣僚奏荐》熙宁元年九月丁亥，翰林学士承旨王珪等言："今奏补人便充京官，迁转更无限碍，但监当六年，便入亲民，比之有出身选人，实为优幸。"《续修四库全书》第 386 册（上海：上海古籍出版社，2002 年），第 559 页。

② 《宋史》卷一六〇《选举六》，第 3761 页。

③ 《长编》卷一九一，嘉祐五年六月甲申条，提及"虽非亲民差遣"，而"宣命内理为亲民资序"的问题，第 4630 页；又，〔宋〕王林撰，诚刚点校：《燕翼诒谋录》卷五"亲民官监商税"（北京：中华书局，1981 年），第 47 页。

④ 《宋史》卷一六八《职官八》"官品"条"正九品"内，有"承事，承奉郎"，下注："理亲民资序者，从八品，承务郎（按：原系从九品京官）准此。"第 4017 页。

⑤ 〔宋〕张方平著，郑涵点校：《张方平集》卷一八《对手诏一道》（郑州：中州古籍出版社，2000 年）"祖宗之时，文武官……不为升迁资序……自祥符之后，天下治平，朝廷之议，益循宽大。故令自监当入知县，知县入通判，通判入知州，皆以两任为限。"第 225—226 页。

拟资序。八月间，文彦博奏上《自来除授官职次序》一疏，条分缕析地叙述了自吏部选人亲民官以上，常调、出常调内外官员差遣的除授次第。今引录如下：

吏部选人两任亲民、有举主，升通判；通判两任满、有举主，升（主）〔知〕州军。自此以上叙升，今谓之“常调”。知州军有绩效或有举荐，名实相副者，特擢升转运使副、判官或提点刑狱、省府推判官，今谓之“出常调”。

转运使有路分轻重、远近之差：河北、陕西、河东三路为重路，岁满多任三司副使或任江淮都大发运使，发运使任满亦充三司副使。成都路次三路，任满亦有充三司副使或江淮发运使。京东西、淮南又其次，江南东西、荆湖南北、两浙路又次之，二广、福建、梓、利、夔路为远小；已上三等路分转运使副，任满或就移近上次等路分，或归任省府判官，渐次擢充三路重任，以至三司副使。内提点刑狱则不拘路分轻重除授。转运使副、省府判官或逐急藉才，差知大藩镇者，其归亦多任三司副使或直除修撰、待制者。

三司副使岁满即除待制：有本官是前行郎中、少卿，或除谏议大夫者；有资浅而除集贤殿修撰、充都（发）〔转〕运使，后亦除待制。

三院御史旧制多是两任通判已上举充，岁满多差充省府判官或诸路转运副使，累迁至三路，岁满充三司副使，又岁满除待制。御史或言事称职，公论所推，即非次拔擢，系自特恩。

正言、司谏自来迁擢无定制，或兼带馆职、文行著闻，或议论识体、方正敢言，朝廷所知，临时不次擢用，本无常法。

三馆职事本育才待用之地，例当在馆久任。其间资地、人品素高者，除修起居注（即今起居郎、舍人），遇知制诰有阙，即试补（即今中书舍人）。

以上并旧制甄别资品、履历，次第除注之

法，与今来官制或小异而大同……[1]

从该《次序》中可以看到：资序加举主，是常调官员升陟差遣的主要条件；任内有绩效或有举荐、被特擢者，为“出常调”，除授差遣可从优，但亦受资序制约。资序由职任与任数构成，在同一级别的职任中，又依其路分、州军的大小、远近、紧要程度等因素而区别上下轻重。委派差遣时，一般是由小转大、由远入近、由轻迁重，循序渐进。

除去这段比较完整的叙述之外，其他关于资序的记载还有很多。至于临时性的，或者专门针对某一职任的诏令、规定，更比比皆是。

资序来自差遣。但是，曾任某一差遣，并不一定能理该资序。例如，任职时间短，未成资者，不能理为资

① 《长编》卷四〇四，元祐二年八月癸未，第 9832—9833 页。引文内数处校改，皆据〔宋〕文彦博：《文潞公文集》卷二九《奏除改旧制》，影印明嘉靖五年刻本，《宋集珍本丛刊》第 5 册（北京：线装书局，2004 年），第 2a—3b 叶，第 403 页下—404 页上。

序；[1]“权入”某资序、“权发遣”某职事者，不理该资序；[2]北宋前期的尚书省诸曹，只有判刑部、吏部、南曹许理为资序（嘉祐中增入判考功、祠部、官告院等），其他诸司不领实事，即便有判部事者，亦不理资序。[3]

高度集权国家的中央人事部门，为易于注拟众官之差遣，势必使资序趋于稳定、凝固化。这样一来，资序又成为中央集权所需要的灵活差遣的羁绊，从而引起了资序与“实历”的分离：理某一资序者，不一定实历过该职任。在京诸司官吏中，有未离京阙，坐理知州、知县资序者，[4]外官分亲民、厘务二等，而任监当人，亦有理亲民资序者；差遣要剧，可以理比实际职任更高的资序；[5]条件较差去处，任满五年可以理为两任；[6]

---

① 《吏部条法·考任门》，第196—197页。

② 《长编》卷二三八，熙宁五年九月丙午条，“吏部铨旧制职官注拟上下超折不过一资，而选人阂于资序，注拟不行。〔判铨李〕复圭奏乞通注‘权入’，各理本资俸。选集者便之”，第5786页。

③ 《长编》卷一九三，嘉祐六年正月丁未诏，第4662页。

④ 《长编》卷三八六，元祐元年八月辛亥条，上官均奏言：“三省人吏……出官最速。其不愿出官者，坐理资任，至为郡守。”第9404页。

⑤ 《长编》卷一一一，明道元年七月庚午诏，知大名、真定、京兆等府，兖、郓、青、陈等大州者，并理三司判官、转运使副资序，第2583页。

⑥ 《宋会要辑稿·职官》五八之八，“康定元年十月十一日，诏审官院：今后无职田处，满五年得替，与理为两任”，第4619页上。

又有因为资序相当的阙额少，折资改授，而仍理原应迁入之资序者。[①] 升理资序，甚至成为帝王加恩的一种形式。[②] 可见，所谓“理资序”，不过表示朝廷承认某人相当于某一级别，获得了某种资格罢了。这样，在除授官员差遣时，朝廷往往得分别提出所要求具备的资序及其实历职任。[③]

注拟官员差遣，资序起着极其关键的作用；决定寄禄阶的升改，资序也是重要因素之一。无论“超资”“折资”，终归还是以“资”或“资序”为轴心而上下摆动的。

---

① 如，曾任监司人折资充知州，仍理监司资序。《长编》卷四一一，元祐三年三月辛未条，“诏监司秩满资深无过人除知州者，与理监司资叙”，第10009页。

② 《文潞公文集》卷三六《辞免男恩命》，其中多处说到“臣男贻庆与理转运判官资序”“更蒙特提升资序”云云，《宋集珍本丛刊》第5册，第431页上—432页下。

③ 如《长编》卷四一二，元祐三年六月癸卯诏：“今后应除六曹郎中，选第二任知州以上资序、实历知州或曾任监司官、六曹员外郎、校理、台谏官、开封府推官并满二年人充；少监、员外郎、府推官选第二任通判以上资序或初任通判、曾历外任亲民二年人充；寺监丞选第二任知县以上资序人充。”第10022页。

资序关系到千万官僚的切身利益，他们对此十分敏感。[①]对于叙理资序问题调整得合理与否，直接涉及能否有效地调动起上下百官的治事积极性。[②]

重资序不重绩效，重“实历”不重能力，这是官僚制度造成的沉疴，在宋代却被视为天经地义的铨注秩序。熙宁变法期间，宋神宗与王安石等人曾多次谈到资序问题，他们认为，“制法当使人乐趋而竞奋”，只计资序，则不知劝勉。[③]当时，初等职官资序的李定被不次拔擢为监察御史里行，引起了轩然大波。[④]范祖

---

① 佚名编撰，汪圣铎点校：《宋史全文》卷一一，熙宁三年三月壬子条，王安石在与宋神宗谈及所谓“三不足”问题时，说：“今议者以为祖宗之法皆可守，然祖宗用人皆不以次。今陛下试如此，则彼异论者必更纷纷。”（北京：中华书局，2016 年）第 662 页。

② 今举神宗时期调整资序叙理办法的两事为例：熙宁时，司农寺典领新法，“事务繁重，非诸寺监之比。官属虽以才选而并皆不别理资任”。元丰初，判司农寺蔡确提出异议，奏改理资任办法。（《长编》卷二八八，元丰元年三月丙申，第 7053 页。）熙宁三年十月丙子，“详定编敕所言：‘嘉祐删定编敕官以二年为任，五年为两任。乞自今应删定官每月各修敕十条送详定官，如二年内了当，不计月日并理两任；如有拖滞，虽过二年亦理一任。’从之”。（《长编》卷二一六，第 5260—5261 页。）

③ 《长编》卷二四一，熙宁五年十二月己卯，第 5877 页。

④ 《长编》卷二一一，熙宁三年五月癸卯，第 5123 页。

禹批评王安石是“资序一切不用”。[①]实际上，改革派对资序之法有所批评、有所突破，同时亦有所利用。王安石并曾以“资浅”为由，抑制过不赞同新法的傅尧俞等人的升迁。[②]

元祐初年，对于资序问题有比较集中的讨论。宰相司马光倾向于谨守资格、且用举主，宰臣韩维、吕公著、右司谏苏辙、御史韩川等人反对拘泥资格、专任举主，而主张由执政遴选。[③]有宋一朝，对于资格问题的争辩始终未停，但终宋一代，仍未寻得处理这类问题的可行途径。

四、循资原则长期作用的原因及其弊端

出现于8世纪中叶的《循资格》，在以后千余年的

① 〔宋〕范祖禹：《范太史集》卷二二《转对条上四事状》，《景印文渊阁四库全书》第1100册，第273页上。

② 《长编》卷二一四，熙宁三年八月戊午，第5194—5195页。

③ 《温国文正司马公文集》卷五五《论监司守资格任举主札子》，《四部丛刊》初编影印宋绍熙刊本，第1b—2a叶；《长编》卷三八四，元祐元年八月丁亥、辛卯，第9355、9367页。

传统政治制度史中占有不可低估的地位；而铨选中讲求资格的做法，比《循资格》出现更早、发生作用的时间更长、范围更广。《循资格》及其原则之所以长期行用不衰，绝不是偶然的。

首先，《循资格》是在门阀士族政治彻底衰落的背景下产生的，依资除授的原则以格条形式固定下来，从一个侧面体现着历史的进步。以年劳、资历为依据注拟选人，有其合理性：在一定程度上可以促使官吏获得一部门一地区的治事经验，使一些具有基层实践的选人得以递迁，充实官僚队伍；它奉“依资平配”为信条，可以部分地限制请托、侥幸，阻遏凭荫入仕的达官贵人子弟的过快升迁。

其次，《循资格》及其原则的行用，与社会上存在着庞杂臃肿的官僚队伍分不开。朝廷为巩固其统治，力求以仕宦之途吸引地主阶级不同阶层的广大成员，为他们提供尽可能多的入仕门径，而且，伴随高度集权而来的，是为实现专制而补予大批官僚以优厚待遇而导致的严重官冗之弊。与此同时，唐宋时期，知识比前代大为普及，但社会开放程度尚低，轻视科技、文化事业，“学而优则仕”的观念束缚着士子聪明才智的发挥。读书只是为了做官。制度造成的知识分子出路狭窄，使他们只能成批涌入仕途，窒息在比肩待选的漫长岁月之中。官阙有常额而待拟人无限量，这一矛盾激剧而又突出。统治集团一方面扩大政权容量，增设名号；一方面对选人资格的审查日益严格，以稍稍控制入仕之途。《循资格》在《长名榜》《姓历状》的基础上应运而生，[①] 至宋代，其内容更为具体、丰富。尽管它解决不了“员多阙少”的矛盾，统治者却认为是舍此更无良方了。

更重要的是，循资原则的固定化，是铨选制度中实行高度中央集权的必然产物。隋唐以来，“大小之官，悉由吏部；纤介之迹，皆属考功”，[②] 除授中无法真正做到人尽其才、才尽其用。结果，事物走向了反面：名义上，吏部据“四事（身言书判）三异（德行、才用、劳效）”注拟选人，仅把资历作为劳效的内容之一；事实上，铨司很难掌握众多选人的实际才行，因此，查之

① 《通典》卷一五《选举三》，第 363 页。

② ［唐］魏征等撰：《隋书》卷七五《刘炫传》（北京：中华书局，1973 年），第 1721 页。

有据的资历很容易被看作衡量选人唯一可靠的凭证。这就为吏部解决铨选中的矛盾提供了一条相对“便捷”的途径：以精求文案的烦琐事务代替甄别拔擢的复杂工作，取一律以裁万端，循常规以求寡过。[1]资深者序进，格到者次迁。这样，资历在铨选中所占比重大为提高，从而形成了与考课之法并行，甚至取代了考课之法的年劳之法、循资之法。

《循资格》及其奉行的依资序迁原则，使吏部掌管的纷繁头绪纳于一途，铨选有了“平稳”的秩序。这种规定，不过是把久已存在的状况合法化、制度化罢了。

北宋士大夫对于资格的批评很多、很尖锐。《宋文鉴》卷一〇三所收孙洙对于资格的议论，是有代表性的：

> 今贤材之伏于下者，资格阂之也；职业之废于官者，资格牵之也；士之寡廉鲜耻者，争于资格也；民之困于虐政暴吏者，资格之

① 〔宋〕苏轼著，孔凡礼点校：《苏轼文集》卷九《拟进士对御试策》：“古之欲立非常之功者，必有知人之明；苟无知人之明，则循规矩蹈绳墨以求寡过。二者皆审于自知而安于才分者也。”（北京：中华书局，1986年）第306页。

人众也；万事之所以玩弊、百吏之所以废弛、法制之所以颓烂决溃而不之救者，皆资格之失也……利之者，惷愚而废滞者也；便之者，耋老而庸昏者也。而于天下、国家焉，则大失也、大害也！[1]

但在当时，他们用以批判的武器不过是所谓“祖宗用人之法”。推崇祖宗之制，是恪守家法的宋代特有的现象。尽管士大夫们的追忆，在一定程度上存在着历史的真实成分，然而，他们所描绘的“理想境界”，即使在宋初，也是不曾存在过的。

太祖、太宗时不次用人的情况较多，是因为当时亟需投入大批统治人才，而官吏铨注的全面制度尚未建立，社会上没有形成固定的依资除授观念，这种客观需要与主观可能性的结合，使当时有必要也有可能破格拔擢。但与此同时，太祖、太宗力求及早建立稳定的铨选秩序，他们对于《循资格》《长定选格》的重视程度，并不亚

① 〔宋〕吕祖谦编，齐治平点校：《宋文鉴》卷一〇三《策·资格》（北京：中华书局，1992 年），第 1425—1426 页。

于其后诸帝。真、仁等帝所做的一切，正是沿着乃祖乃宗定立的规范发展的。[①] 把祖宗之法理想化，主要是反映了士大夫中对于现状普遍的失望、不满与批判。

依资迁官，以资序授差遣，在使铨选制度化方面有其作用。但有才能者不得发挥，庸懦之辈例获升迁；而且，被拟任人往往学非所用、用非所长，既造成人才的浪费，更贻误职事，这是宋代治事效率差的原因之一。更重要的是，一切循“资”，造成了宋代士大夫不求奋励事功，但务墨守成规以保无过的精神状态，助成了支配两宋数百年的保守政风。

北宋历代统治者虽然在不同程度上注意到循资原则导致的弊端，但是，为防范臣下在铨选过程中擅权植党，仍然要借助于资序制度的严密。而正因为有关资序的规定琐屑纷委，人莫知其涯涘，帝王不可能直接掌握，宰

① 太祖、太宗朝作为一般原则，注拟时是要考虑资序的。太平兴国八年，田锡奏疏说：“令录阙员，据资劳而迁授；簿尉满任，按岁月以除移。”（《咸平集》卷一《上太宗条奏事宜》，第 17 页。）咸平二年初，出使江南的裴庄回朝报告说：“朝廷所命知州、通判，率以资考而授……自今望遴选其人，勿以资格授。”（《长编》卷四四，咸平二年二月丙辰，第 930—931 页。）时真宗即位不久，“以资格授”的状况，显然是前代遗留的局面。

相无法尽详其究竟，负责除授的主管臣僚也往往不暇通熟其条文。这样，吏部四选、中书堂除都不得不倚仗所谓“例簿”，比附除注。而终日游轶于其间、详悉其格条的胥吏则前比后例，任意据援；甲令乙科，随手高下。这就使除授大权自“人主”部分旁落于胥吏之手。[1]

注重资序，对帝王的予夺大权有了无形的限制，权力的高度集中反而导致了大权的部分旁落。这不能不说是对君主独裁制度的一种讽刺。

原载《北京大学学报（哲学社会科学版）》1986 年第 2 期，略有修订。

① 〔宋〕叶适：《水心文集》卷三《铨选》，四部丛刊初编影印明黎谅刊本（上海：商务印书馆，1929 年），第 9b 叶；《文献通考·自序》，第 8 页。

宋代资序体制的形成及其运作

在宋代的铨选中，资序（又作“资叙”）具有特殊的重要意义。资序是“资格”的主要内容，它与官员的实际职任（“差遣”）直接相关，主要指考铨任用中“依资入选”的先后次第。资序体制是人事除授工作的基本依据，体现着国家的官僚选任原则，也关系到每一官员的仕宦生涯。不理解资序问题，就不可能对于当时的官僚选任制度有真正深刻的认识。

一、资序体制的形成

（一）“铨衡有序”与“依资入选”

宋代铨选中的资序体制，是在前代“铨衡有序”“依资入选”的基础上发展起来的。

“举官任人，国之大典。”① 官僚的选任，不仅关系到被选者的出路，也关系到典选者的前景；关系到不同社会集团参与政治的现实需求，也关系到当前政局的安定与否乃至整个权势阶层的长远利益。正因为如此，铨选制度与官僚制度的其他组成部分比较，更需要建立起一套行之有效、标准明确而易于把握的秩序，作为稳定运行的保证。体现儒家正统观念的“选贤任能”原则，绝少有人反对；但由于标准宽泛，在缺乏充分可靠的信息和通用确定的衡量尺度之条件下，很难得到切实的推行。

在中国古代，对于“铨综秩序”的讨论史不绝书。而这种“秩序”并非凝固僵滞的静态模式，而是适应政治秩序的需要，在不断演变、调节的过程中形成，又在一定的历史条件下发生作用的。

《周礼·天官》“小宰之职”条，即讲到“以官府之六叙正群吏”。郑玄注云：“叙，秩次也，谓先尊后

① 〔宋〕陈襄撰：《古灵先生文集》卷一八《论差除敕不由封驳司札子》，《中华再造善本》影印宋绍兴三十一年陈辉刻本，第6册，第12b叶。

卑也。”[①]同卷“宫伯”条下，说及“掌其政令，行其秩叙，作其徒役之事”，郑注云：“秩，禄禀也。叙，才等也。”[②]可见，至晚在战国时对于官吏庶僚的管理中，或以尊卑为次，或依才艺为等，“叙”（序）已受到了充分的重视。

资，本指一些可以依凭的条件。既有由门第决定的“门资”，又有由仕宦经历决定的“资历”、由年劳决定的“年资”等等。资序体制的形成，是选任秩序与“年资”“资历”相结合的产物，是“依资（历）入选”原则在铨选中得到确立的结果。而这一原则的逐步确立，经历了漫长的历史过程。

汉代官吏之迁补升降，强调“位次有序”，[③]重视凭借“功次”（积劳、久次）循序而进，亦往往有“故事”可供征引。汉武帝元光元年（前134年），董仲舒在贤良对策中曾经指出：“古所谓‘功’者，以任官称职为差，非谓积日累久也。”并且批评了当时“累日以取贵，积

---

① 〔汉〕郑玄注，〔唐〕贾公彦疏，赵伯雄整理，王文锦审定：《十三经注疏·周礼注疏》卷三《天官·小宰》（北京：北京大学出版社，1999年），第54页。

② 《周礼注疏》卷三《天官·宫伯》，第77页。

③ 〔汉〕班固撰，〔唐〕颜师古注：《汉书》卷八三《朱博传》（北京：中华书局，1962年），第3405页。

久以致官”的状况。[1]看来早在汉代的官僚铨任中，对于“功劳”的理解和掌握已经出现了偏倚日月、“年劳”的倾向。

魏晋南北朝时期，对于一般官员的任用次第及其程式，被称为“铨次”“选序”。曹魏时期，刘寔著《崇让论》，其中即指出：“因资用人之有失久矣。”“九品官人之法”至西晋时渐弊，“遂计官资以定品格，天下惟以居位者为贵”。[2]南朝时，资历成为铨选中依次授任的重要依据。[3]不过，在当时尚不可能取代社会上普遍接受的“门胄”（“门资”）等因素乃至清议的衡量品评作用。

北朝与南朝政治情势不同，制度的演进亦有差别。北魏后期，“依资入选”的原则首次以条格形式在铨选中肯定下来。

北魏孝明帝初年，胡太后当朝。征西将军、冀州大

① 《汉书》卷五六《董仲舒传》，第2512—2513页。

② 〔唐〕房玄龄等撰：《晋书》卷四一《刘寔传》（北京：中华书局，1974年），第1192页；〔唐〕姚思廉撰：《陈书》卷二六《徐陵传》（北京：中华书局，1972年），第332—333页；《通典》卷一四《选举二》，第333页。

③ 〔唐〕姚思廉撰：《梁书》卷三〇《裴子野传》（北京：中华书局，1973年），第441—444页；《梁书》卷二一《江蒨传》，第333—335页。

中正张彝之子仲瑀上封事，建议在铨选中排抑武夫，不使其预清品。这种强调文武清浊界限的主张，激起倚恃军功的武人之愤怒，“喧谤盈路”。神龟二年（519年），羽林虎贲千余人殴杀张彝与长子始均，焚其宅邸，几乎酿成一起严重的政治变乱。朝廷无奈，“乃命武官得依资入选”。[①]

武官依资入选，给正常的铨选工作造成了很大困难。能够安排的官员职位数量有限，而应调参选的人员却为数众多，源源而来。吏部尚书李韶一筹莫展，无计可施，结果引惹出新的不满。在这种情势之下，无法再依常格除注。于是，“兼、正六为吏部郎，三为尚书”[②]的崔亮，受命于危难之际，出任吏部尚书。《魏书》卷六六《崔亮传》记载了这件事：

> 时羽林新害张彝之后，灵太后（按：胡太后谥曰“灵”）令武官得依资入选。官员既少，

---

① 《通典》卷一四《选举二》，第340页；《资治通鉴》卷一四九，梁天监十八年二月庚午，第4642—4643页。

② 《魏书》卷六六《崔亮传》，第1480页。

> 应选者多，前尚书李韶循常擢人，百姓大为嗟怨。亮乃奏为格制，不问士之贤愚，专以停解日月为断。虽复官须此人，停日后者终于不得；庸才下品，年月久者灼然先用。沉滞者皆称其能。[1]

崔亮所奏格制，被称为《停年格》，其核心内容在于“不问士之贤愚，专以停解日月为断”。其选授原则是先取资历深、岁月久者。

《停年格》的创设，有其不得已之苦衷。崔亮在回答外甥刘景安的责难时说，如今选官之责专归吏部尚书，以一人之鉴，无法照察天下；况且参选者多为武夫，本难求其“烹鲜之效”，“是以权立此格，限以停年耳”。[2]他直接的用意在于寻求一种相对固定、能够为多数参选者接受的选授标准，把吏部从“官员既少，应调者多”的困窘状态下暂时解脱出来。而在文化差异、士庶差异突出的当时，以年为限，恰恰有效地淡化了不同社会集团争取入仕权利的强烈政治色彩。

---

① 《魏书》卷六六《崔亮传》，第 1479 页。

② 《魏书》卷六六《崔亮传》，第 1480 页。

从刘景安以及薛琡、辛雄等人对《停年格》的批评来看，诏令中针对武官提出的“依资入选”原则，在当时的铨选中绝非仅仅行用于武官，而是对全体参选者普遍施行的。该原则产生于门地资荫之法、九品中正之制日渐隳废的背景之下，它之所以能够得到承认，是年劳、资次等因素在铨选中长期作用的结果。

仅就北魏而言，孝文帝时，高祐即曾批评“今之选举，不采识治之优劣，专简年劳之多少”。[①]孝明帝熙平元年（516年），任城王元澄及廷尉少卿袁翻等也批评北边镇将之选弥轻，“官不择人，唯论资级”。[②]此后不久，深得胡太后倚信的清河王元怿曾经“以官人失序”，上表回顾孝文帝时具有浓厚士族化色彩的选任秩序，建议“式遵仪范，奉顺成规”，“革选中正，一依前轨”。“太后诏依表施行，而终不能用。”[③]

这正说明，以年资为据这一官僚政治下常用于取士的技术标准，正在排斥士族政治下通用的以门资为据的

① 《魏书》卷五七《高祐传》，第1261页。

② 《资治通鉴》卷一四八，梁天监十五年，八月壬辰，第4627页。

③ 《通典》卷一六《选举四》，第393—394页。

取士标准。身为清河崔氏一员又饶有典选经验的崔亮，专掌选事之后，为情势所逼，认识到“时宜须异”，通过《停年格》将“年”与“资”更为明确、更为紧密地结合起来，使之成为铨任中的正式依据。重年资而略能绩，有其突出弊端。但在当时，在铨次、选序中，“年资”作为“门资”的替代物出现，显然是与历史的进步相联系的。

将“年资”引为铨选的主要依据，一旦在吏部施行开来，掌选者“利其便己，踵而行之。自是贤愚同贯，泾渭无别”。后人普遍认为“魏之失才，从亮始也”。崔亮苦心孤诣，竟难以摆脱本人亦无可奈何的深刻矛盾：“仲尼云：‘德我者亦《春秋》，罪我者亦《春秋》。’”“千载之后，谁知我哉！”①

在其后的两个世纪中，“依资入选”原则有了进一步的发展。唐代中期，铨选中出现了《循资格》。

早在唐高宗时期，由于承平既久，求进者众，据刘祥道说，永徽末、显庆初，每年入流数超过一千四百人。

① 《魏书》卷六六《崔亮传》，第1480页。

“官员有数，入流无限”[①] 的矛盾愈益突出。当时内外文武官一品以下、九品以上，共计一万三千四百六十五员，其中多数由吏部铨任，选司难以一一简择。武则天当朝，官僚队伍更是急剧膨胀。其间虽经裴行俭、李敬玄、张仁祎等人设《长名姓历榜》，改革铨注程式；虽有魏玄同、薛谦光等人主张迁革“权道”、分任群司、荐贤任能的建议；终于无法扭转“选集之始，雾积云屯，擢叙于终，十不收一”的状况。[②]

唐玄宗开元十八年（730 年），侍中裴光庭兼吏部尚书。为扭转“士人猥众，专务趋竞，铨品枉桡”[③] 之弊，他在其父裴行俭所创《长名姓历榜》的基础上，作《循资格》，把官资高卑与选数多少联系起来，作为参选的基本条件。

《通典》卷一五《选举三》：

至玄宗开元中，行俭子光庭为侍中，以选

① 《通典》卷一七《选举五》，第 406 页。

② 《通典》卷一五《选举三》，第 363 页；《通典》卷一七《选举五》，第 410—411 页；《旧唐书》卷八七《魏玄同传》，第 2850 页。

③ 《新唐书》卷一〇八《裴光庭传》，第 4090 页。

人既无常限，或有出身二十余年而不获禄者，复作《循资格》，定为限域。凡官罢满，以若干选而集，各有差等。卑官多选，高官少选，贤愚一贯，必合乎格者乃得铨授。自下升上，限年蹑级，不得逾越。久淹不收者皆荷之，谓之“圣书”。虽小有常规，而抡才之方失矣。其有异才高行，听擢不次，然有其制而无其事。有司但守文奉式循资例而已。①

《循资格》与《停年格》一脉相承。它的直接适用对象是六品以下选人，而“循资”原则影响所及，则范围宽泛得多。

开元二十一年（733 年）裴光庭死后，萧嵩、张九龄等人以其“非求材之方”，奏请废罢了《循资格》。但是，《循资格》所试图解决的“选序”问题依然存在，“官员有数，入流无限”的矛盾更形突出。“按格令，内外官万八千八十五员；而合入官者，自诸馆学生以降，

① 《通典》卷一五《选举三》，第 363 页。

凡十二万余员。”此外，不系常员者，不可悉数，“大率约八、九人争官一员”。[①]时刻处于巨大压力之下的业务部门，迫切要求取一律以裁万端。在这种情况下，《循资格》奉行的注重资历的原则继续沿用下来，用《旧唐书》卷四二《职官志一》中的话说：“其后每年虽小有移改，然相承至今用之。”[②]

在要求“铨衡有序”的大背景下，“循资”原则既经确定，“资序”体制的出台已属必然。

中晚唐时期，在选司行用的格制文件中，“资序”（资叙）一词已经屡屡出现。《唐会要》卷七四《吏曹条例》载唐德宗贞元二年（786年）三月吏部奏文，其中说：

> 伏准今年二月十三日敕，除台省常参官，余六品以下，并准旧例，都付本司处分者。其六品以下选人中，有人才书判无阙相当，承前准格，皆送中书门下……应缘功状及非时与官，合授正员额，并选限内无阙注拟者，伏请量事

① 《通典》卷一五《选举三》，第364页。
② 《旧唐书》卷四二《职官志一》，第1805页。

计日，用成三考阙。如临时人数稍多，注拟不足，灼然须处置发遣，即请兼用两考以上得资阙，并量人才、资序注拟讫，准敕送中书门下详定可否。其六品以下有官资稍高，合入五品，纵非五品，亦请依前送名。[1]

同书同卷载其年三月敕旨：

五品官……宜付吏部检勘讫，送中书门下。其据资叙却合授六品以下官，任便处分。[2]

看来，“资序”（或曰“资叙”，亦即“官资”）在当时是指铨选中拟注官职“填阙”时叙理的依据。

类似用法其后逐渐增多，在《册府元龟·铨选部·条制门》中可以找到不少晚唐乃至五代时期的例证。例如，该书卷六三四《铨选部·条制六》有后周太祖广顺元年（951 年）的一批诏敕。在十月下达的一条敕

① 《唐会要》卷七四《选部上》，第 1598—1599 页。
② 《唐会要》卷七四《选部上》，第 1599 页。

文中说：

> 选部公事比置三铨，所有员阙、选人分在三处，每至注拟之际，资叙难得相当。况又今年选人不多，宜令三铨公事并为一处，委本司长官、通判同商量可否施行。所冀抡选得中，铨综有序。①

很明显，“资序”的出现，是与建立铨选秩序的努力联系在一起的。关于官僚选任方式问题，历史上长期存在着两种主张的对立。北魏薛琡、刘景安责难《停年格》，唐代魏玄同、沈既济批评吏部法，主张择举主、重德行，行荐举辟召之制，代表着要求唯才是举、不次用人的一派立场。这种议论，反映着儒生文士的正统见解，对于政治清明、整饬吏治，很有可取之处。但是，较之一元化、有凭据的“资次”，多元且无定型的“才德”，显然难以把握，以之为据，会给主管部门的日常工作造

① 《宋本册府元龟》卷六三四《铨选部·条制六》，第9b叶，第2061页。

成极大的困难。而且，不触及专制集权的政治体制，人事制度单方面的改革无法深入进行。所谓“铨法简而任重”[1]的状况，在统治者心目中，绝不是维护最高权力的理想状态。

《停年格》《长名榜》与《循资格》，体现着另一派观点。这些格制的创设人，是一批老于政务，且习知吏部选事者。他们希望能够以法令条格的形式，为当时头绪纷繁、怨尤丛集的铨选设置出有章可循的常规。从这一意义上讲，他们的试验都有成功之处。这些规则的相继产生，反映了当时人事管理制度走向标准化、程式化的过程。

（二）资序体制在宋代的形成

资序体制的真正形成，是宋代的事。

宋代的设官分职制度，主要特点之一在于“官”（本官、正官、寄禄官）与“差遣”的分离。如《宋史·职官志（序）》所说：

---

① 《新唐书》卷四五《选举志下》，第 1175 页。

其官人受授之别，则有官、有职、有差遣。官以寓禄秩、叙位著，职以待文学之选，而别为差遣以治内外之事。

在这种制度下，仕人“不以官之迟速为荣滞”，而“以差遣要剧为贵途”。[①]

北宋前期的本官系统，自隋唐职事官系统演化而来。就其外在形式来看，本官系统所采用的，正是隋唐省、部、寺、监职事官的称谓；就其实质而言，本官系统已经脱离了实际“职事”，名号依旧而功能迥异。在宋人心目中，它代表的仅仅是阶秩的高下区分，是官员的社会地位及其基本待遇。

宋神宗元丰年间进行官制改革，将原散官称谓加以整理，修改为寄禄阶，用以取代原有本官系统。此后，“官”与“差遣”的分离改变了形式，但是依然存在。

在宋代，官员寄禄阶秩（本官）的晋升，称作“叙迁”。叙迁的主要依据是官资，或曰“资”。

① 《宋史》卷一六一《职官志一》，第3768页。

资序，在宋代主要用来指差遣除授时的依据。当然，这并非绝对，特别是在北宋前期。《宋史》卷一五八《选举志四》讲到宋太宗淳化年间所定官秩叙迁之制时，即将本官资称作“资叙”。又如，《长编》载天圣元年（1023 年）十二月诏，说：

> 御史台主簿多是资序合入大理寺丞、著作佐郎，除授之时并理光禄寺丞……自今更不理光禄寺丞资叙，只守本官，仍支与前任请受。候三年满无遗阙，依元入官资叙与京朝官。[1]

随着宋代官僚选任制度的定型，“资”与“资序”的含义逐渐明确区分开来。北宋时，较之主要服务于地方基层的幕职州县官（“选人”），京朝官之“差遣”与“官”的分离更加彻底，因而“资序”与“资”的分化尤为明显。

① 《长编》卷一〇一，天圣元年十二月，第 2344—2345 页。

二、宋代资序体制的主要内容

宋代的“资格”，应该说是以资序为核心，同时亦包括本官、职名在内的综合体。对于资序体制的具体内容，史志中似乎缺乏专门而又系统的记载。不过，在宋人的著述中，相关的记述可以说在在皆是。

（一）宋代对于关升资序的规定

在宋代，官员的资序主要由差遣职务的高低及任数构成，即所谓“惟以差遣为资历”[①]。某一差遣任内二年成资（或曰“得资”），通常便被承认具备了该资序，如“第一任知县资序”“第二任知州资序”等。

整个资序系统依差遣性质不同，分为亲民、监当（厘务）两大类别。亲民资序由诸多外任行政差遣层次组成。下至基层四等七资幕职州县官，上至京朝官担任的知县、通判、知州、诸路提点刑狱乃至转运使，次第井然；在同一级别的职任中，又依其县、州、路分的大小、远近、

① 《宋史》卷一五八《选举志四》，第3695页。

紧要程度等因素而区别上下轻重。监当官主要是指派驻各处监管烦琐财务（如茶盐酒税、冶铸等）的官员，其资序低于亲民资序。

对于一般官员资序的升迁被称作“关升”。关升资序时，多有一定的考任限制，还需要有现任官员保荐。例如，今存南宋《吏部条法·关升门》载明，京官承务郎以上“监当”资序人，须满两任六考、有举主四人，才能关升“亲民”的知县资序。[①]

宋人关于关升资序的记载很多，彼此歧互之处不少。这可能是由于时期各异而造成的。一般来讲，监当入知县、知县入通判、通判入知州，多以两任为限。[②]

对于资序问题最为详尽的说明，是北宋元祐时期文彦博就京朝官“自来除授官职次序”问题，向太皇太后高氏所作的一番解释：

> 吏部选人两任亲民、有举主，升通判；通判两任满、有举主，升（主）〔知〕州军。自

① 《吏部条法·关升门》，第 293 页。

② 《张方平集》卷一八《对》，第 226 页。

此以上叙升，今谓之“常调”。知州军有绩效或有举荐，名实相副者，特擢升转运使副、判官或提点刑狱、省府推判官，今谓之“出常调”。

转运使有路分轻重、远近之差：河北、陕西、河东三路为重路，岁满多任三司副使或任江淮都大发运使，发运使任满亦充三司副使。成都路次三路，任满亦有充三司副使或江淮发运使。京东西、淮南又其次，江南东西、荆湖南北、两浙路又次之，二广、福建、梓、利、夔路为远小；已上三等路分转运使副，任满或就移近上次等路分，或归任省府判官，渐次擢充三路重任，以至三司副使。内提点刑狱则不拘路分轻重除授。转运使副、省府判官或逐急藉才，差知大藩镇者，其归亦多任三司副使或直除修撰、待制者。

三司副使岁满即除待制：有本官是前行郎中、少卿，或除谏议大夫者；有资浅而除集贤殿修撰，充都（发）〔转〕运使，后亦除待制。

三院御史旧制多是两任通判以上举充，岁

满多差充省府判官或诸路转运副使，累迁至三路，岁满充三司副使，又岁满除待制。御史或言事称职，公论所推，即非次拔擢，系自特恩。

正言、司谏自来迁擢无定制，或兼带馆职、文行著闻，或议论识体、方正敢言，朝廷所知，临时不次擢用，本无常法。

三馆职事本育才待用之地，例当在馆久任。其间资地、人品素高者，除修起居注（即今起居郎、舍人），遇知制诰有阙，即试补（即今中书舍人）。

以上并旧制甄别资品、履历，次第除注之法，与今来官制或小异而大同。[①]

该《次序》中虽未揭明“资序”二字，而自始至终次第阐述的，却正是亲民资序由低向高的升陟序列。从中我们可以看到，资序加举主，是吏部负责铨任的常调

① 《文潞公文集》卷二九《奏除改旧制》，影印明嘉靖五年刻本，《宋集珍本丛刊》第5册，第2a—3b叶，第403页下—404页上；《长编》卷四〇四，元祐二年八月癸未，第9832—9833页。

官员升陟差遣的主要条件；可以看到当时亲民官员通常的职任递迁路径；也可以看到本官、贴职与差遣的相互制约和互补关系。

据洪迈说，“潞公所奏乃是治平以前常行”[①]，也就是说，大体上是北宋前期通常施行的办法。南宋继承了北宋“用考任、举主关升（资序）”[②]的基本精神，明确规定“（寄禄官）奉直大夫以上免关升，注知州”[③]，中下层文官的递迁路径与北宋大致类同。现存《吏部条法·关升门》中，有当时对于关升资序的详细条文。今试据其基本规定，整理为示意图表。

官员差遣职任的升迁，往往不是线性单向的。知县—通判—知州—监司（提刑—转运）大约两任一迁，这只是就资序体制的一般规定而言。由于不少官员有在中央、地方交错任职的经历，而为了便于排比，在中央任职者亦比照叙理地方官资序，因此，具备知县、知州资序，并不等于该人确曾出任该职。而且，宋代“官不久任”

① 〔宋〕洪迈撰，孔凡礼点校：《容斋随笔·四笔》卷二《文潞公奏除改官制》（北京：中华书局，2015 年），第 509 页。

② 《吏部条法·关升门》，第 300 页。

③ 《吏部条法·关升门》，第 299 页。

南宋关升资序略表

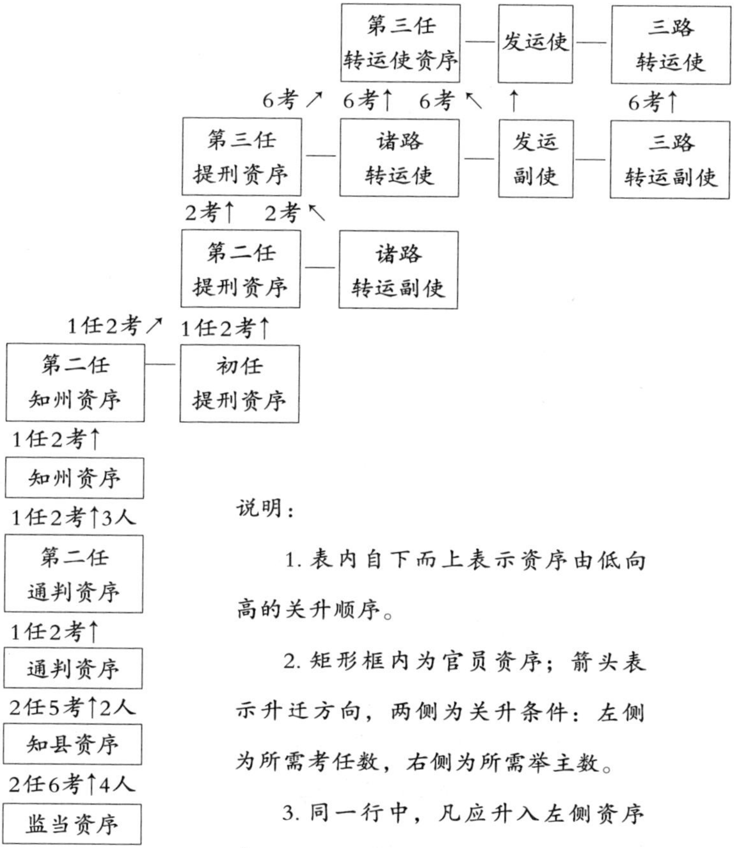

说明：

1. 表内自下而上表示资序由低向高的关升顺序。

2. 矩形框内为官员资序；箭头表示升迁方向，两侧为关升条件：左侧为所需考任数，右侧为所需举主数。

3. 同一行中，凡应升入左侧资序者，可以理入右侧职任。

4. 表内是南宋中后期的基本规定，现实中会视具体情形有所调整。

的现象十分突出，满任一般需要三年，而事实上任内不成资（大约不足两年）的官员为数众多。这就要靠两次乃至数次职任“通计”“通理”的办法来折合成“任”。

大致说来，外任京朝官先历通判、知州，再任监司长官。但这并不是说，所有亲民官员都是从州至路，循着同一途径直线前行；也并不意味着，任职于州府的诸位长官，所具备的资序必定低于监司长官。知大藩、节镇等重要府州者，有可能具备提点刑狱甚至转运使副资序；知州而兼任安抚使者，则更是如此。从宋人的传记资料中，我们可以发现大量先曾出任知州、继任监司、又转而知某州的事例。这里存在多种可能，较常见的，一是这后一州府类别较高，要求具备监司资序者担当其长官；二是铨次授任时，或须借重于某人才器，或与申请职任者资序相当的窠阙（职位）有限，因而“超资”或“折资”拟授。另外，临时调易官员差遣时（特别对于“出常调”者），资序上下参差的情形更多。当然，也有由于铨选部门疏忽造成的除授“错位”。例如，北宋仁宗时，两浙转运使张瑰代还，被朝廷差知颍州，而“未尝以资序自言”，被誉为恬退的典范。[1]

（二）差遣职任与资序的对应

秩序井然的原则规定，在复杂多变的官僚场上，很难不折不扣地照样实施。为保证根据需求及时派遣，必须采用一种上下衔接、纵横贯通、此出彼入而富于弹性的差遣与资序对应方式。而这套体系，是在人事选任工作的长期实践中，在矛盾、平衡的反复运作中，逐渐丰富起来的。它能够适应变化的条件，或“折资”、或“超资”，或者通过调整职任的称谓等方式，实现以资序为基轴的、相对灵活的差遣除授。这种“灵活”，既是对资序条文一定程度上的背离，又体现着资序原则的制约。宋代的资序体制，正是以这种方式发挥其作用的。

在宋代，同一差遣职务往往被划分出不同的等级次第，根据就职者资格的高低，委以不同的名目。即以诸路转运司官员为例，除有路分轻重的不同外，在同路同司任职者，亦可能有都转运使、转运使、权转运使、权

① 《长编》卷一七〇，仁宗皇祐三年五月庚午，第 4091—4092 页。

发遣转运司公事以及转运副使、权副使、转运判官、权判官等名目的区别。这些称谓，显现在宋人面前的，一方面关系到其职权范围的大小；另一方面，或许更主要的，是任事者资格的深浅程度。

即以都转运使为例，有统领两路乃至数路而为都转运使者，更有仅因本人之侍从官资格即除都转运使者。太宗时，樊知古为右谏议大夫，任河北东、西路都转运使，此后，如《职官分纪》所说，“两省五品以上则为都转运使”[①]。南宋前期，据《宋史·职官志》载，“诸路事体当合一，则置都转运使以总之”。当时，有“张公济为江、浙、荆湖、广南、福建都运，赵开为四川都运”。[②]但这种情形毕竟不多。都转运使头衔，大多场合下是为出任转运使的侍从官们准备的，这些人“不问两路一路，并为都转运使”。韩元吉在其《看详都转运使申状》中，对此有具体说明。[③]

① 〔宋〕孙逢吉：《职官分纪》卷四七《诸路转运使副使判官》，《景印文渊阁四库全书》第923册，第846页。

② 《宋史》卷一六七《职官志七》，第3965页。

③ 〔宋〕韩元吉撰：《南涧甲乙稿》卷九《看详都转运使申状》，《景印文渊阁四库全书》第1165册，第109—110页。

傅求在北宋中期的仕宦经历具有一定的代表性。他天圣二年（1024 年）自进士甲科出身，两任知县、两任通判之后，出知宿州；继而先后提点江西路、益州路刑狱，又相继任梓州路、陕西路转运使。入三司为户部副使，又以天章阁待制身份第二次出漕陕西，不过此番职衔称作“陕西都转运使”。卸任后，一度进京任职，判三班院、流内铨。嘉祐二年（1057 年）带龙图阁直学士职名（“贴职”）知庆州，任环庆路经略安抚使兼都部署；徙泾原路，知渭州；不久再度进京任职；嘉祐八年（1063 年）以枢密直学士知定州，为定州路安抚使兼都总管；治平中应召入京，神宗初年因断狱差失而出知兖州。[1]

傅求“有吏能干局”，自天圣二年（1024 年）入仕至熙宁六年（1073 年）去世，五十年间，在地方、中央交替任职。仅就地方而言，他历任知县、通判、知州，路分宪（提点刑狱）、漕（转运使、都转运使）、帅（安抚使）司首长，可以说是循着资序阶梯一步步递升上去

① 《张方平集》卷三六《宋故龙图阁学士朝散大夫尚书工部侍郎提举南京鸿庆宫上柱国清河郡开国公食邑三千八百户食实封八百户赐紫金鱼袋傅公神道碑铭并序》，第 612—617 页；《宋史》卷三三〇《傅求传》，第 10621—10622 页。

的。他两度出漕陕西，后一次由于资格已深、职名益高，正式差遣头衔改称“都转运使”。

在转运司长官中，又有“权”“权发遣”之类名衔，专待资序低浅者。熙宁变法期间，此制大行。《古今合璧事类备要·后集》“转运使”条载：“熙宁二年诏转运使用本资序人即‘充’，资序下一等为‘权’，二等为‘权发遣’。”[①] 据司马光记载李舜卿的话说，“介甫用新进为提、转，其资在通判以下则称‘权发遣’，知州称‘权’，又迁则落‘权’字”[②]。

“权”“权知”一类名目，唐代即已出现于官员差遣名衔之中，意思是指临时代理而非正式除授。例如韩愈即曾权知国子博士三年，而后改真博士。[③] 在宋代，“权”字所体现的，主要是任职者自身资序与该差遣职位之间存在的差距。

宋代诸路转运司虽设转运使、副使及判官等职，但

① 《古今合璧事类备要·后集》卷六七，《中华再造善本》影印宋刻本，第 8a 叶。

② 〔宋〕司马光撰，邓广铭、张希清点校：《涑水记闻》卷一六（北京：中华书局，1989 年），第 310 页。

③ 〔唐〕李翱：《李文公集》卷一一《韩吏部行状》，《四部丛刊初编》影印明成化乙未刊本（上海：商务印书馆，1929 年），第 1b 叶。

是很少在同路内设置齐备。南宋时，转运使额名虽存，而一路中不派转运使，却以资序较浅的转运副使或转运判官行使漕司职权，成为越来越常见的现象。

仅以江南东路与两浙路为例：据《景定建康志》，自建炎初至景定二年（1261 年）的一百三十余年间，相继出任江南东路转运司长官者，先后一百二十四人次。其中转运判官六十二人、转运副使五十九人、暂权运司事者一人；任转运使者，仅向子諲与赵希垩二人。[①]《咸淳临安志》记载了自建炎元年（1127 年）至咸淳八年（1272 年）的一百四十五年中，任两浙转运司长官者一百九十九人次。其中包括九十六任运判、九十三任运副、添差者五员；而转运使只有张澄、王克仁、赵与訔三人；都转运使为曾任淮南、江、浙、荆湖等路制置发运使、贴职显谟阁待制的李迨，和曾任江淮发运副使、江东转运使、贴职徽猷阁待制的向子諲。这些人中，有二十五名自运判升本司运副再任。而王克仁更于“淳祐

① 〔宋〕马光祖修，〔宋〕周应合纂：《景定建康志》卷二六，影印清嘉庆六年金陵孙愍祠刻本，《宋元方志丛刊》第 2 册（北京：中华书局，1990 年），第 19a—26b 叶，第 1758—1762 页。

十二年七月除运判、宝祐元年四月升副、二年十一月除宝章阁待制、两浙转运使”。两年内资序迭升，身份变化而实际职责如故。[①]

这种状况的出现，应当是因为朝廷急需财物用度，漕司事剧任重，亟待强干人才理事，而难得资序相当者，故以运副、运判处之。这正如《宋史·职官志七》讲到南宋转运司时所说:“随军及都运废置不常，而正使不废。若副使，若判官，皆随资之浅深称焉。”[②]而对这些行使漕司职权的运副、运判，人们亦以漕使视之，这在宋代士大夫心目中十分明确：“隔等而授，是择才能也；结衔有差，是参用资格也。”[③]

至于“总一路兵政”的诸路安抚司长官，据《宋史·职官志七》说，南渡前，须“太中大夫以上，或曾历侍从乃得之，品卑者止称‘主管（管勾）某路安抚司公事’。中兴以后，职名稍高者出守，皆可兼使，如系二品以上，

① 〔宋〕潜说友纂修：《咸淳临安志》卷五〇，影印清道光十年钱塘汪氏振绮堂刊本，《宋元方志丛刊》第4册（北京：中华书局，1990年），第2b—12b叶，第3791—3796页。

② 《宋史》卷一六七《职官志七》，第3965页。

③ 《宋史》卷一五八《选举志四》，第3716页。

即称‘安抚大使’”。[1]也就是说，担当帅司长官者，资格可能大不相同。而其资历、品秩、职名的不同，则通过系衔之差异体现出来。南宋淳熙八年（1181年），辛弃疾知隆兴府兼江西安抚，其署衔为“奉议郎充右文殿修撰、知隆兴军府事、兼管内劝农营田事、主管江南西路安抚司公事、马步军都总管”。[2]所谓主管某司公事者，喻其资格尚浅也。但这并不妨碍辛弃疾履行安抚使之职责，也不妨碍时人称之为“辛帅”“辛安抚”。这种授任系衔方式，无疑扩大了朝廷“选人填阙”之范围，有利于随材任使。

职责相同，而以体现履历的资序及体现清要资望的贴职决定所差遣职事的称谓、以职务结衔的不同等次体现任事者身份差异的做法，在宋代十分普遍。不仅对诸路转运司、安抚司长官，对知府州乃至典京师者亦有类似规定。再以傅求为例，他在嘉祐六年（1061年）、治平初年曾经两度以龙图阁直学士身份“权发遣开封府

① 《宋史》卷一六七《职官志七》，第3961页。

② 〔宋〕辛弃疾著，邓广铭辑校：《辛稼轩诗文钞存·祭吕东莱先生文》（上海：古典文学出版社，1957年），第54页。

事”；治平三年（1066年）十二月他再度领开封府事，此番则因资格稍深而授衔“权知开封府”。[①]

《续资治通鉴长编》卷三七〇有元祐元年（1086年）闰二月丁巳诏：

> 今后差知西京、大名、应天、成都、太原，永兴、成德军，秦、延、青、郓、杭、瀛、定、庆、渭、熙、广、桂州，并待制以上人；如未至上件职任，曾任正提刑以上即“权”，余并“权发遣”；其兼安抚、总管等，自依旧条。其知河阳、荆南、江宁、颍昌、河中、凤翔、陕府、陈、襄、邓、潞、扬、亳、苏、越、洪、潭、泉、福、梓、徐、曹、蔡、郑、滑、相、邢、同、晋、庐、寿、湖、明、宣、沧、齐、棣州，以上并差曾任正提刑人；余并“权”；通判以下资序“权发遣”。其现任提刑以上，

① 周宝珠：《宋代东京研究》（开封：河南大学出版社，1992年），第134—135页。

因差知州，即具历任取旨。[①]

《宋史》卷一五八《选举志四》有淳熙三年（1176年）中书舍人程大昌的一番话：

> 旧制，选人改秩后两任关升通判，通判两任关升知州，知州两任即理提刑资序。除授之际，则又有别以知县资序隔两等而作州者，谓之“权发遣”；以通判资序隔一等而作州者，谓之“权知”。[②]

正因为如此，《官制旧典》中说：“朝廷每除藩府监司，必有理某资序指挥。”[③]

外官如此，比拟外官资任的在京诸司、台省寺监官亦如是。在除授职任时，经常因此而需要说明“以××资序人充”或者本任“理××资序”。

---

① 《长编》卷三七〇，元祐元年闰二月丁巳，第8955页。

② 《宋史》卷一五八《选举志四》，第3716页。

③ 〔宋〕林駉：《新笺决科古今源流至论·续集》卷七《资格》，《中华再造善本》影印元延祐四年圆沙书院刻本，第14册，第7b叶。

英宗初年，三司官以次迁而任用不久，相习成为“养资假途”的场所，时议患之。中书奏请盐铁税案、度支钱粟案、发遣案、户部修造案及开拆司五处尤其繁要的部门，用资浅人久任，其余以待诸路转运使、提点刑狱为“出入之须”。于是为这些案司规定了极详悉的叙理资序办法。例如，选初任通判一年以上人为“权发遣”，候及二周年令再任，与理知州资序；两任及六周年，理初任提刑资序；三任及七周年，理第二任提刑资序出外，等等。[①]

六曹郎官的除授，也受到资序的制约。元丰改官制前，郎中、员外郎是寄禄官的不同阶秩；改官制后，一司内郎中、员外郎之区别，主要仍不在于能力与职责的差异，而在于资序的深浅。元丰官制中规定，郎官理郡守以上资任者为郎中，通判以下资序者为员外郎。虽理知州资序，未曾实历知州及监司、开封府推判官者，只除员外郎。[②]

---

① 《职官分纪》卷一三《三司》，《景印文渊阁四库全书》第923册，第301—302页。

② 〔宋〕章如愚辑：《山堂先生群书考索·后集》卷七引《四朝志》，《中华再造善本》影印元延祐七年圓沙书院刻本，第23册，第8a叶。

吏部郎官，在六曹中职任尤重，资秩亦高。《宋史·职官志三》讲到尚书省吏部郎中、员外郎时，说：

凡郎官，并用知府资序以上人充，未及者为员外郎……初进拟，第云“吏部郎官”；及拟告身细衔，始直书尚书吏部郎中或员外郎，主管尚书某选，主管侍郎某选。[①]

看来，朝廷在一定范围内物色吏部郎官时，应着重考虑其人品、才干；而有司在拟定具体职衔时，则主要依据其资序深浅。其他各曹亦不例外。《古今合璧事类备要·后集》卷二六“郎中”条有云：

郎中，员外郎亦自为两等，颇自履历而授之。后来相承必欲以关升知州资序为郎中，于是拜员外者具改官实历岁月申吏部，不以若干任，但通理细满八考，则升知州，乃作正郎，

① 《宋史》卷一六三《职官志三》，第3836页。

> 别命给告。顷常有旨，初除郎官，虽资历已高，且为员外郎，候吏部再申，然后升作郎中。[①]

朝廷百官皆理外任资序，据资序定职衔，“通理”考数折合任数……这些做法，看似复杂曲折，事实上使得纷纷纭纭的铨选授任趋于简单易行了。

（三）小结

宋代的文官选任，是通过堂除、常调、定差、奏辟等多种途径进行的。在不同的渠道、不同的部门之中，优先适用的原则亦不尽相同。相对而言，资序体制在广大中下层官员的除授过程中作用更为突出。

宋代铨选中关于叙理资序、关升资序的规定很多，而且经常处于调整之中。这主要是为了相对顺利地完成官员（“员”）与职位（“阙”）的对应组合，以期达到所谓“为官择人”的目标。以差遣职事为中心，寄禄阶、职名、资序皆围绕其运作，这是宋代人事选任制度的重

① 《古今合璧事类备要·后集》卷二六《郎中》，第9b叶。

要特点。资序是官员与差遣结合的产物，是除授差遣时衡量官员身份、确定窠阙类型的基准，因而受到待拟人与铨司的一贯重视。

资序来自差遣，资序的叙理与差遣的除授有直接的对应关系。一般情况下，可以说差遣的或高或低，是围绕资序这一基轴而上下浮动的。但是，资序又不等同于差遣，作为铨司授任的档案依据，资序远较差遣整齐划一而稳定少变。二者间的差距，表现为不同的类型。这里有资序与差遣性质的差别：有“非亲民差遣”，而“宣命内理为亲民资序”者；又有亲民资序人被差遣监商税者。[①] 有资序与“实历”的差别：由于差遣职任包罗万象，不可能一一纳入资序系列，不少职任要比照他职叙理，未曾“实历”某职，却可能理该资序；据上官均说，在京官员甚至三省人吏，有的始终未离京局而能“坐理”知州资任。[②] 既然资序与“实历”有别，朝廷觅人填阙时，有时会强调须选取曾经“实历”某职者，于是又有了“理

① 《长编》卷一九一，嘉祐五年六月甲申，第 4630 页；《燕翼诒谋录》卷五“亲民官监商税”，第 47 页。

② 《长编》卷三八六，元祐元年八月辛亥，第 9399 页。

作实历”与事实的差别：宋代公文中的“理作”，往往是指一种并非实情的比拟方式。例如，选人改京朝官后，按规定先须“作邑”，而南宋初虽未作邑而得堂除差遣（由宰相、执政办公会议直接委任）者可以“理比实历”；[①]结果资序理为“实历”者中，仍有并未实历该职任之人。至于资序的深浅与差遣高低的差别，就更为常见了，其中一部分，可以透过不同的差遣结衔反映出来。

宋代头绪万千、纷扰喧嚣的官僚选任，自有其内在的秩序。纵则关升、横可比照的资序网络，在其中起着重要的调节与制衡作用。

原载《北京大学学报（哲学社会科学版）》1993 年第 2 期，略有修订。

① 《宋会要辑稿·选举》二三之一八，第 5690 页。

北宋文官磨勘制度初探

北宋时期，与帝制时期的选举制度、职官制度、监察制度以及法律制度之逐渐成熟紧密相联，与当时已高度发展的物质文明、精神文明以及各阶层人士大量涌入仕途的状况相适应，对于大批官僚的任用与管理，形成了一套日趋严密精细的制度。体现在官僚考核迁转方面，则是产生了对中国近千年来政治制度具有影响的磨勘法。

近代以来，人们对于宋代选举制度、官僚制度的研究日益重视；近年间，全面或从侧面对磨勘制度进行研究的文章及专著日渐增多。本章也准备就有关磨勘制度的一些问题进行探讨，以求教于方家。

一、磨勘制度的形成

（一）铨选制度中的“磨勘”与“磨勘法”

就本来含义讲，“磨勘”指审核、推究；引申为审核、推究（特别是以勘验簿历文状为主要手段）的一系列做法和程序，“磨勘”一词用在考课、铨选制度上，初见于唐代中叶元和年间。这是与开元中“循资格”的施行密切相关的。

“循资格”是选格中的一项重要内容，它主要是关于依照停替参选的前任官之资序以及未曾任官（所谓“无前资”）的选人之出身年限注官的种种规定。后来人们常说的“资格”，便是从这里衍生出来的。“循资格”行用后，“资”被正式肯定为铨选的依据，继而产生了细密的科条，这是中国古代选举制度史中的重大事件。此后，吏部考察官员的重心开始有了深刻的变化：与考课之法并行，出现了年劳之法、资格之法；通过勘验文书来审查资历、考校功过，逐渐成为所谓“铨衡”最主要的职责。

据《唐会要·甲库》，元和八年（813年）吏部侍郎杨于陵奏疏曾说，“选人甲历，磨勘渐稀”；[①]《册府元龟·铨选·考课》载唐文宗大和元年（827年）正月敕：诸道节度、观察使交接时，要“报中书门下据新旧状磨勘闻奏，以凭殿最”。[②]五代时期类似材料更多，如《五代会要·考功》载，后唐天成元年（926年）十月，尚书考功条奏格例即说到“选曹磨勘”。[③]

宋太祖开宝初年，形式上沿用了唐代南曹检勘、吏部拟官、门下复核的做法，命令合格的选人到南曹、铨司、门下省三处去磨勘、注拟官职。太宗时，曾设立京朝官、幕职州县官磨勘院，负责考课、黜陟官员。其后，磨勘院之名虽改，磨勘百官之实却未变，随着循资递迁原则的扩展，铨选中这套程序的作用大为提高。宋真宗在位时，进而全面实行了磨勘制度。

磨勘包括审核资历，因此受循资原则的制约；磨勘不限于循资，还包括稽核功过，它是在特定条件下、以

① 《唐会要》卷八二《甲库》，第1794页。
② 《宋本册府元龟》卷六三六《铨选部·考课二》，第5a叶，第2075页。
③ 《五代会要》卷一五，第249页。

特定方式进行的考课，因此在宋人记述中，磨勘往往与考课混称。宋神宗曾说："磨勘者，古考绩之法。"[1]又如，《宋会要辑稿》（以下简称《会要》）中有两处记载了同一事件，却在一处使用"磨勘"，另一处使用"考较"。如《会要》职官一一之一："景德四年七月，诏审官院磨勘京朝官劳绩，并限在任官三年已上者，方得引对。"[2]同书，职官一一之六："景德四年七月四日，诏审官〔院〕考较京朝官课绩，见任官三年已上者，方得引对。"[3]然而，从一般意义上讲，宋代的磨勘绝不等于考课。二者之混称，并不表明"磨勘"就是考察官吏绩效，而只说明北宋的"考课"已经被勘验簿历的做法所取代。考课制度日益公文化、程式化，这是宋代特有的现象。

从广义上说，"磨勘"既可以用于财务复核，亦可以表示考课方式；而作为专门用语的"磨勘法"，则有其特定的含义，它是与官秩迁转（选人改官、京朝官迁秩）联系在一起的，既包括对于官员本人出身、

① 《长编》卷三〇八，元丰三年九月乙亥，第7484页。

② 《宋会要辑稿·职官》一一之一，第3304页上。

③ 《宋会要辑稿·职官》一一之六，第3309页上。

资历、政绩的考核，又包括对于举主、三代等一系列条件的查验。

磨勘法是中国历史上曾经实行过的“考功课吏”与“依资序迁”这两种做法互相矛盾、互相作用的产物，它所奉行的原则是限年校功、循阶进秩，[①]“率以法计其历任岁月、功过而序迁之”。[②]也就是说，磨勘法是课绩与年资的结合、岁月对功效的凌驾。

（二）宋真宗时期磨勘法的形成

磨勘法之正式形成，是在宋真宗咸平年间。宋初沿晚唐、五代弊政，逢郊泛阶滥赏，特别自太宗以来，凡郊祀行庆，群臣率多进改，所造成的冗官冗费问题到此时已经开始引起朝野关注，士大夫们已在议论变更办法；北宋初期对于官僚品阶制度有所整顿，亟须加强对于阶秩叙迁的管理，使之规范化；更重要的是，赵宋统治稳定之后，与考课形式一成不变形成对照，资格之法日渐

① 〔宋〕苏颂著，王同策等点校：《苏魏公文集》卷三四《承制以上磨勘词》（北京：中华书局，1988 年），第 505 页。

② 《宋史》卷一六三《职官志三》，第 3840 页。

完善，二者的结合成为该时期铨选必循的规程。这一切，使得磨勘制度的出现有了可能，亦成为必要。

磨勘法出现的标志，是始于咸平四年（1001 年）四月的磨勘引对京朝官。《长编》记载道：“审官院初引对京朝官于崇政殿，（选）〔迁〕秩有差。京朝官磨勘引对自此始。上既用孙何、耿望等议，罢郊祀进改，乃命审官院考其课绩优劣，临轩黜陟之。”[①]

幕职州县官通过磨勘引对改合入京朝官的制度，大约出现于嗣后的大中祥符年间。据《会要·选举》大中祥符七年（1014 年）四月条载，“中书门下言：‘文武臣僚年终举到幕职州县官，今欲定五人以上同罪保举者，替日令吏部流内铨磨勘引对。’从之”[②]。次年二月申明祥符三年（1010 年）规定，被奏举之幕职州县官需具备六考，方得磨勘引见。[③]天禧三年（1019 年）重申祥符七年之制，[④]以后即固定下来。

磨勘法的提出，是对北宋建国以来官秩迁转制度的

① 《长编》卷四八，咸平四年四月壬子，第 1057 页。
② 《宋会要辑稿·选举》二七之一三，第 5775 页上。
③ 《宋会要辑稿·职官》一一之七，第 3309 页下。
④ 《宋会要辑稿·选举》二七之一七，第 5777 页下。

一次总结。磨勘法出现之后，囊括了对官吏考绩、资格的全部检覆工作，并与转官结下不解之缘，逐渐变成晋升官吏的最主要途径。

咸平四年（1001 年）以后，尽管郊恩迁秩的做法被明文废止，而最大限度地维护官僚阶层既得利益的原则却未被排斥，反而在施行中渗透进了磨勘法。在这方面，宋真宗天禧元年（1017 年）二月壬午诏书是有代表性的："京朝官改秩至今年正月十一日郊礼及三岁，不限中外守职，但非犯入己赃，令审官院考课以闻，当议迁秩。"[①]《会要》职官一一之七对此有所说明："帝以昨经大礼，加恩止于勋散爵邑，故优其岁满及犯轻者，令考覆之。"[②]这真是失之东隅，收之桑榆，所谓"考课""考覆"显然不过是"迁秩"的阶梯。南宋山堂先生章如愚灼知其弊，批评此诏说，"于是黜陟之法废矣"。[③]

北宋时期，这类诏文和措置办法不胜枚举。仅在真宗年间，对于三馆、计司等特殊部门，久次不迁的部分

① 《长编》卷八九，天禧元年二月壬午，第 2042 页。
② 《宋会要辑稿·职官》一一之七，第 3310 页上。
③ 《山堂先生群书考索·后集》卷一五《官制门·考课类》，《中华再造善本》影印元延祐七年圆沙书院刻本，第 9a 叶。

官员，对于曾有过犯未能转官者，陆续颁布了不同的优待条件，给予磨勘迁转的机会。[①]这种优宠百官的原则，无疑大大加剧了官吏冗滥的弊端。

二、磨勘制度的确立

磨勘法实行后，磨勘与转官直接相关，成为官僚仕宦生涯中的大事，磨勘年限亦随之成为官员们所最关心的问题。真宗朝对此进行了多次调整、补充，内外京朝官凡转官及三周年者都可以磨勘的办法基本上确定下来。《会要·职官》载，景德四年（1007 年）："诏审官院：'磨勘京朝官劳绩，并限在任官三年以上者方得引对，未及者依例差使，如特令考校、引对者，不在此限。'初，审官院除在任不理及非时解替外，不限改官月日考绩引对，至是始定年限。"[②]大中祥

① 《长编》卷五二，咸平五年八月庚辰，第 1148 页；《宋会要辑稿·职官》一一之六、七，第 3308—3310 页。

② 《宋会要辑稿·职官》一一之一，第 3304 页上。

符八年（1015 年）正月、次年九月，进而规定，外任京朝官凡转官及三周年者，不必代还到阙，亦可磨勘。仁宗时大致相沿未变，只是补充规定大两省以上四年磨勘，京朝官代还时转官未及三年者，亦候四周年与磨勘。与上述过程大致同时，自真宗天禧初至仁宗天圣中，武臣磨勘之制也渐次形成。[①] 这就是范仲淹等人所说的，“今文资三年一迁，武职五年一迁，谓之磨勘”。[②]

宋代幕职州县官之磨勘改官与京朝官之磨勘迁秩分属不同职能部门负责，施行办法亦多有不同。南宋《吏部条法》把它们分别归入《改官》《磨勘》两门。后者磨勘年限以转官月日为标准，而前者磨勘改官时则要看在任考数。这主要是因为，幕职州县官之“官”与“差遣”的分离，尚不似京朝官那样彻底。仁宗时，幕职州县官磨勘改官，一般须及六考，加以举主数足等条件，即可

① 参见《宋会要辑稿·职官》一一之七至一二，第 3309—3315 页。

② 〔宋〕范仲淹：《范文正公政府奏议》卷上《答手诏条陈十事》，〔清〕范能濬编集，薛正兴校点：《范仲淹全集》（南京：凤凰出版社，2004 年），第 474 页。

由铨司磨勘、引对。[①]

磨勘迁转制度确立的主要标志，是基本独立于差遣任期的磨勘年限（官秩迁转年限）之确定。这大约经过了咸平至天圣三十余年的时间。此后，百官依年序进，对于官员“劳效”的审查，被“年资”的衡量所排斥。宋廷事实上全面恢复了曾被太祖罢斥的岁月序迁之制，而放弃了任满考核、依差遣任内表现转官的做法。“一无勤效，例蒙迁改”，[②]考课的原则被彻底扭曲了。

伴随这一定制而来的，是官秩改转和差遣升迁的分离固定化。“官”与“差遣”的分离，是赵宋开国以来在加强中央集权的过程中逐渐形成的。差遣的变更比较灵活，而作为“本官”“正官”的官秩则不同，它是决定官员基本俸禄、反映官员社会地位尊卑的基准，客观上需要相对稳定。以前，京朝官代还，无殿累者即可磨勘，不限改官月日，多得进秩。或代还者迁秩未久，又蒙进改;

① 《宋会要辑稿·职官》一一之一二，第3315页。

② 《范文正公政府奏议》卷上《答手诏条陈十事》，《范仲淹全集》，第475页。

或外任者转官多年，不得调归，例不获迁。显然，在当时，官秩的迁转是有赖于差遣之任调的。磨勘年限确定以后，不候代还京师，不限在职月日，本官秩满即迁。这种做法，便于保证官员的地位、待遇随其官秩而循序渐进，鼓励更多的官员安于外任。于是，相对稳定的本官叙迁之制自成系统而独立于职务与任期之外，与差遣的任罢不再发生直接关系。

磨勘转官、注授差遣，二者各为体制，似乎更复杂了；其实，在官、职、差遣分离的宋代，这种分离也是正常的。它在维护人事等级秩序的同时，保证了官员的差遣职任与其级别相对独立，使联系等级与职任的纽带趋于松弛，这是中国古代官僚制度史上的一个进步。但是，它不以官员任内表现出的德能勤绩为晋升阶秩的依据，不利于官员奋励事功。而正是在这一分离的基础上，因为本官阶的叙迁已经独立出来，才合乎逻辑地产生了元丰时期的寄禄官阶制度。

当然，即便在发生了这种明确的分离之后，官秩的叙迁与官员的差遣仍然不是绝对隔离的，磨勘转官的时间也不是恒定的。差遣职务清显要剧、差选任内绩效突出，都可以提前转官，或在转官时获得优迁。反之，特诏举荐及注授差遣时，对被拟人的官阶，亦往往有所要求。有些条文更明确规定，减磨勘年可换堂除差遣；[①]繁难之阙，任满可减磨勘年。[②]

磨勘的目的是改转，即叙迁官秩。磨勘的结果，是有司类能拟定、帝王临轩黜陟时最富权威的依据。文臣叙迁之制，始成于宋太宗淳化年间，真宗、仁宗期间则由于磨勘年限的确定而规范化、制度化了。[③]选人磨勘转京朝官的制度，也大约在这一阶段中基本定型。

始于咸平年间的磨勘法，四十年后受到了“庆历新政”的批判。新政的倡导者们主张把京朝官磨勘年限与差遣任期统一起来，任事三年方得磨勘；且要求明定考绩条件，严格保任之法，希望把磨勘的重点转至责求治

① 《宋会要辑稿·职官》一一之一九，第 3323 页。

② 《长编》卷二七二，熙宁九年正月庚辰，第 6664 页。

③ 参见《宋史》卷一五八《选举志四》、卷一六九《职官志九》，第 3699—3701、4023—4029 页；《长编》卷四三五，元祐四年十一月庚午条引《两朝国史·职官志》，第 10475—10477 页。这些材料歧互、讹误之处很多，容专文另考。

事实效方面，以“使天下政事无不举”。[1] 这是宋代历史上对于磨勘制度唯一的一次正面、直接的冲击。而正是由于“任子恩薄，磨勘法密，侥幸者不便”[2] 使新政遭到大批既得权势者的强烈反对而终至失败。

宋英宗治平三年（1066 年），朝廷患官冗之弊，采纳臣僚建议，改为京朝官四年磨勘，待制以上六年（可以一次“迁两官”，实际上是超资转），并且定立了“止法”，对磨勘制度进行了局部调整。[3] 北宋中期以后，普通文职京朝官四年磨勘转迁的制度一直被沿用下来。与此同时，对于不同身份、等级的官僚磨勘转迁的细则以及减、展磨勘年限的规定陆续制定、补充，磨勘制度逐渐详备了。

---

① 《范文正公政府奏议》卷上《再进前所陈十事》,《范仲淹全集》, 第 487 页;《长编》卷一四四，庆历三年十月壬戌诏，第 3485 页。

② 《长编》卷一五〇，庆历四年六月壬子，第 3637 页。

③ 《宋大诏令集》卷一六二《定磨勘年限诏》，第 616 页；《宋会要辑稿·职官》一一之一五、一六，第 3319—3320 页；《长编》卷三〇八，元丰三年九月乙亥，第 7483—7484 页。

三、磨勘制度的主要内容

（一）磨勘法的主要环节

对于宋代磨勘法的环节之多，条款之细，簿历之繁，涉及方面之广，以及它在铨选中的实际作用之大，必须作出充分的估计。

磨勘法主要由“磨勘”和“引对”两组程序组成。

首先是由有关部门负责的磨勘。

磨勘的对象主要是中下层京朝官和改京朝官的吏部铨选人。对于较高级别官僚的转迁另有特殊办法，不受常规磨勘法限制。

对内外京朝官的磨勘由审官院主持。对幕职州县官而言，“磨勘”特指其改官之际必经的审核。他们于吏部南曹投入文状，南曹勘会其簿书，然后由流内铨决定改合入京朝官。武职小使臣由三班院、大使臣归枢密院负责。元丰五年（1082年）后，上述职任皆归吏部四选（吏部尚书左、右选，侍郎左、右选）。

嘉祐以前，常调京朝官之磨勘，需要自己投交文状，提出申请；其后则不许本人陈乞，而由主管部门检寻转官案簿，照规定进行磨勘。但是，由于有司职事烦冗，常有磨勘失时的情况。

就吏部选人来说，磨勘改官是其仕宦升进途中的一大关卡。对此，政府有许多限制。太宗时曾经规定，赴流内铨的吏部选人需要十人结为一保，互相纠核，有行止逾违者，同保连坐；[①] 至南曹纳“解”投“牒”时，要求有一名京朝官“为识”。[②] 磨勘法正式形成后，幕职州县官改京朝官的条件仍然比较严苛。

北宋时，被磨勘者必须文状齐备，有司才予接受并负责勘验。这些文状主要包括：

1. 解状（又称“解由”）。诸州根据选格规定的条件，或铨司发出的放罢文牒，以及应格官吏本人的申请，付给选人解发赴阙的证明文状。

2. 举状。举主撰写的荐举书。其中一般需

① 《长编》卷二三，太平兴国七年九月甲寅，第 527—528 页。
② 《宋会要辑稿·选举》二四之九，第 5701 页上。

要说明被举人的资任、能力等。

3. 家状。包括本贯（并以朱书写明所寄居的州府）、三代、出身、历任有无违阙等内容，平时存档备案，以供查阅。

4. 考状。其主要内容应系朝廷下发的御前印纸或南曹历子，即功过登记单一类的呈报表格。官员在任期间，由路分、州府长官负责填写，并书写考辞、评定考第。其中治绩尤著或贪懦败事者，更有按察官员呈入之黜陟状。[1]

有司接受文状并检索到存盘案簿以后，主要进行审核、勘验工作，逐一复查，不仅检查字面上是否圆满、合乎格式，且需移牒会问他司，稽寻有无违碍、疏舛纰漏、虚妄不实之处，发现谬误，随即驳下。按照规定，“大节圆”（或虽有不圆，却有照验文字）即可以放

① 《宋史》卷一六〇《选举六》，第 3758 页；〔宋〕包拯撰，杨国宜校注：《包拯集校注》卷三《请令审官院以黜陟状定差遣先后》（合肥：黄山书社，1999 年），第 224—225 页。

行。[1]尽管条令如此，而因铨格繁缛纷委、冲替不常，主事胥吏往往得以在复核环节中吹毛求疵、滞留文状，邀求贿赂。

在诸类簿历之中，有司核查的重点内容是资格、课绩与举主。

第一，对于资格的审核。京朝官磨勘叙迁，主要视其原有官秩、出身途径、距前次转官之年限；其资序是否“清要”，亦在考虑之列。而对于幕职州县官，对其资格（主要包括职任、考数与任数）的审核则尤为峻刻。他们改官虽然有多种途径，但其多数是凭借资考和举荐，通过常规磨勘而跻身于京朝官行列的。据《长编》所载北宋熙宁四年（1071 年）修定的“选人磨勘并酬奖致仕改官条制”，[2]以及《宋史·职官志九》所载“吏部流内铨诸色入流及循资磨勘选格”，[3]在选人磨勘时，除去出身、举主等因素外，最关键的是其资格，是依其原有阶次、考任数等条件决定应转入何等官阶。累积考任

① 《长编》卷三七五，元祐元年四月丙申，第 9085 页。《吏部条法·磨勘门·文武臣通用·尚书考功令》，第 339 页。

② 《长编》卷二二二，熙宁四年四月壬午，第 5412 页。

③ 《宋史》卷一二二《职官志九》，第 4039 页。

数多者，可减举主人数。

正因为考任数有着特殊的重要性，宋代铨曹条例中，对于理考、理任的规定严格细致。一般说来，任及两考成资、不因罪犯替罢者，听理为任。[①] 此外，对哪些情况不理资任、何类移易可以“通理”等等，都有明文规定。真宗以来，在磨勘法的施行中，“酬久次”的原则一直发生效用。仁宗明道改元赦书中进而规定，选人及十二考、历任无赃罪，并许磨勘引见。[②]《元宪集·外制》中收有多篇“十二考人”（原幕职州县官）改官的制词，即是这一赦文的实际体现。[③] 景祐二年（1035 年）宋廷接受了殿中侍御史里行高若讷的意见，改为参照任内表现及奏举状况施行。[④]

第二，对于课绩的审核。这主要是点勘考课文状。主司查照本路、本州的登录资料（吏部考功司所掌握的地方官员课绩材料如“考帐”等，亦一并送铨），进行

① 《宋会要辑稿·职官》一〇之二一，第 3290 页；《吏部条法·考任门·文武臣通用·尚书侍郎左右选考功通用令》，第 197 页。

② 《长编》卷一一一，明道元年十一月甲戌，第 2591 页。

③ 〔宋〕宋庠：《元宪集》卷二〇至二六《外制》，《景印文渊阁四库全书》第 1087 册，第 553—609 页。

④ 《长编》卷一一六，景祐二年正月甲午，第 2717 页。

审验。如考定知州、通判、监临物务京朝官的功过，需向中央财务机构了解该员主管地区、部门之岁课增亏数额；系州县长吏、司理、司法官，则需移牒刑法机构，了解该员断狱有无冤滥等。对所有被磨勘者，照例要会问刑部、大理，查明本人任内有无负犯。历任内有负犯者，需要增加举主和考数。印纸、历子（类似于履职任事记录簿）书写不实，要追究责任；考第、考辞畸高畸低，要予以驳正。不过，由于主司多是据地方考课结果再议，而很少接触实际，所以驳正的情况寥寥。

第三，对于举主条件的审核。宋代十分重视荐举保任制度。统治者把“择举主于未用之先，责举主于已用之后”[①]作为防范弊端的一种手段，希望以这种方式来弥补单凭资格之不足。庆历年间，朝廷曾采纳范仲淹等人的建议，要求朝官磨勘迁员外郎以上，须由清望官五人保引，但甫行即止。不过，在选注内外百官担任要切

① ［宋］黄履翁编：《新笺决科古今源流至论·别集》卷七《举主》，《中华再造善本》影印元延祐四年圆沙书院刻本，第6a叶。

差遣时，却是“无大小尽用保举之法”的。[①] 相比之下，选人磨勘改官时，举主问题更形重要。

当时所谓“举主应格”，一是举主数合格：北宋时，幕职州县官改合入京朝官，一般需要五名举主，若不足，则需增加年考；二是举主的身份合格：一般应是京官，其中须有“职司”（指路级监司或专使）一员。主司磨勘时，不仅要审验上述方面，而且要一一检核举主的资格与功过：例如他的资序，现任差遣，与被举者有无统摄关系（北宋规定举主应保荐本部所辖官员，而京朝官知县者不能保举所统摄州府的幕职官），举主本人有无负犯记录，是否曾黜降差遣等等，都要落实备案，必要时甚至牒问他司。

在宋代，除常规保举之外，朝廷还随时根据需要颁布诏令，指定具备一定资格的官员奏荐可以改转官阶或充当某种差遣的人。而无论哪种荐举形式，都必须在朝廷限定的范围之内加以选择。这种限制，主要是针对被

① 〔宋〕欧阳修著：《论两制以上罢举转运使副省府推判官等状》，〔宋〕欧阳修著，李逸安点校：《欧阳修全集》卷一〇七《奏议》卷一一（北京：中华书局，2001 年），第 1623 页。

举者的资任、考绩提出的要求。进呈举状时，要同时进呈被举人的考第、历任；所举不符合要求，要对举主加以惩处。

宋人文集中，收有不少举状。例如，欧阳修奉使河北期间，曾具札子保荐权兖州掌书记龚鼎臣，除称道该官的词学、吏术之外，着重提出了他的考数、考第和举主问题，请求朝廷准予改转京官，除注签判或知县差遣。[①]

通过了以上层关叠隘，并由主司根据规定初拟合入官阶之后，即可等待依次轮到自己面见帝王，听候黜陟。由于改官人常多而引见数目有限，投状磨勘之后的这一“待次”过程往往为时甚长。

“待次”之后，便进入下一组程序：“引见”。

引见选人及京朝官的制度，发端于太祖时期。[②]当时引对的重点，是流内铨选人入令录及改京朝官者。太

① 《举官札子》，《欧阳修全集》卷一一七《河北奉使奏草》卷上，第1782页。

② 《长编》卷六乾德三年五月辛未、卷一三开宝五年十二月甲寅、卷一四开宝六年八月，第153、292、307页；《应诏言事》，《宋文鉴》卷四二，第633—634页。

宗注意吏治的修饬，“虽九品之贱，一命之微”亦引对于便殿。[①] 真宗行磨勘法，临轩黜陟京朝官，并仍太宗旧法，引对各色选人。天禧四年（1020 年），应有司之请，未经历任、无所升降，及入官资序已定、未至令录者，不再引对，而由所司依敕注拟。[②] 北宋中期以后，引见的主要对象是磨勘改官的选人。被磨勘的京朝官，在京者原须引见，外任者则入状即可；嘉祐之后，京朝官磨勘转官者概不引见。[③]

引对之前，有司将被引者依类分为甲次。例如，真宗时，京朝官与选人分别为甲；同系京朝官，磨勘迁秩者与注授差遣者分别为甲等等。[④] 北宋时期，引对的频率和每甲被引的人数曾多所改变，但同一阶段内，则大体上稳定。以神宗朝为例，选人改官，初期沿旧制，满

---

① 〔宋〕钱若水修，范学辉校注：《宋太宗皇帝实录校注》卷二六，太平兴国八年八月丁酉（北京：中华书局，2012 年），第 35 页；《咸平集》卷一《上太宗条奏事宜》，第 15 页。

② 《长编》卷九五，天禧四年正月乙丑，第 2178 页；卷九五，天禧四年十月戊戌，第 2220—2221 页。

③ 《长编》卷一九〇，嘉祐四年九月丁未，第 4592—4593 页；《宋会要辑稿·职官》一一之一九，第 3323 页。

④ 《长编》卷六六，景德四年八月辛丑，第 1479 页；《宋会要辑稿·选举》二四之一〇，第 5702 页上。

十人才引见，因判铨王益柔请，改为五日一引，每甲二人；熙宁四年，因选人留滞者多，增为每甲四人，元丰时，仍五日一引，每甲三人，每年改官者一般不超过一百四十人。[1]

被引对的选人，依其甲次，届时由判铨（或负责左选的吏部侍郎）一人导引入见。一度选人需赍所试以备奏御；判铨人呈上举状、脚色[2]等文状，读奏；有时皇帝亲自发问，根据铨司经过勘验、预先呈进的选人历任功过状以及应对情况，决定改官与否。

引见磨勘改转的官员，视其功状、听其谈吐，这是君主了解下情的一种途径，也是显示“人主之权”“恩威己出”，以收揽人心的方式之一。

北宋时期，再无所谓“世族政治”，最高统治者甚至着意扶植跻身于仕宦的下层士人，而对上层官僚及其子弟的相互攀缘稍示抑制。朝野人士对这种做法倍加称

① 《宋会要辑稿·选举》二四之一二、一四，第5704、5706页。

② 《朝野类要》卷三《入仕》“脚色”：“初入仕，必具乡贯、户头、三代名衔、家口、年齿、出身、履历；若注授、转官，则又加举主、有无过犯。”〔宋〕赵升编，王瑞来点校：《朝野类要》（北京：中华书局，2007年），第67页。

道。仁宗朝曾驳回流内铨所引、荐状多达一二十件的李师锡（使相王德用甥婿）、陈琪（前宰相庞籍女婿）、胡宗尧（翰林学士胡宿子），不予改官，止与循资；熙宁间，神宗亦有类似举措。与此相应，祥符时，判铨陈尧咨为“孤寒之士”陈报功状，真宗特为升擢；天圣年间，书考多、无过犯却无举主的选人王得说、贾积善，也在引对时被特擢为京官。[1]

（二）元丰年间对于磨勘法的调整

元丰三年（1080 年）“以阶易官”，文臣阶秩以及与之密切相关的磨勘叙迁制度有了显著的变化。在治平三年（1066 年）局部调整磨勘制度的基础上，元丰改制后，京朝官参加磨勘（此处指非特旨之循序转迁）者的范围有所扩大。继三年九月公布《寄禄新格》之后，十二月进而规定：寄禄官承务郎（京官最低级）以上四年磨勘，有出身超资转、无出身逐资转，可迁至朝请大夫；朝议大夫为一关卡，限额七十员，有阙才能次补；自朝

① 《长编》卷七九，大中祥符五年十月丁巳，第 1797 页；卷一〇二，天圣二年正月戊申，第 2349 页。

议大夫阶至银青光禄大夫，进士八年磨勘，余人十年（按：朝议大夫阶相当于原少卿监，治平三年曾规定“少卿监以上更不磨勘，取旨转官”）；其中，朝官通直郎以上如果充当大两省、待制以上的职任，可以三年一磨勘，转至太中大夫。[1]

元丰年间对于寄禄阶制度的改革，是在全面保留磨勘叙迁之法的前提下作出的较大幅度调整。

变更的主要点，一是扩大了磨勘的范围，提高了各类官员通过磨勘平步递升可达之最高阶次；二是对不同类别的臣僚规定了不同的磨勘年限；三是减少了磨勘叙迁途中需经的阶次，尽管神宗曾表示“禁近独超转，非法也”，因而侍从官亦须一一经过朝议、中散、中大夫三阶（原卿监官，前此两制转官时可以径直越过），但是，从整体上讲，自以往四十余阶减至二十五阶，[2]出现了“昔

① 《长编》卷三〇八，元丰三年九月乙亥，第7483—7484页；卷三一〇，元丰三年十二月甲子，第7523页；《宋史》卷一六三《职官志三》，第3839页。

② 《宋史》卷一六九《职官志九》，第4051—4054页；《宋会要辑稿·职官》五六之二，第4527—4528页。

之官品难于进，今之阶秩易为高”[1]的状况，导致哲宗、徽宗时期增设阶次等措置。调整以后的磨勘叙迁之法，较前简化、系统，愈臻完善，在铨选制度中的作用更为重要了。然而，宋神宗本来希望使磨勘成为名副其实的“考绩之法”，督励上下百官兢惕不息，这一主观愿望却远远未能实现。

神宗去世后，待制以上叙迁，复归中书拟进。哲宗元祐以后又有所变化，诸如增立寄禄阶位次、降低常规磨勘的“止阶”以及再次调整了磨勘年限等等。

（三）减、展磨勘年及其他

与确定磨勘年限相关的，是减磨勘年与展磨勘年。唐、五代乃至宋初，官僚功优者减选，负犯者殿选，替罢后守选待任时间的长短，直接牵涉到大批官僚的实际利益。宋代京朝官一般不再守选，磨勘法施行以后，官运是否亨通，主要取决于是否能依年限顺利通过一次次的磨勘。因此，作为奖赏、惩罚的手段之一，朝廷规定：

① 〔宋〕毕仲游：《上哲宗论官制之失荫补之滥》，《宋朝诸臣奏议》卷六九，第757页。

有劳绩减年（提前）磨勘，有过犯展年（推迟）磨勘。对选人，除“减选”“殿选”外，也采用类似办法，提前或推迟磨勘改京朝官的期限。

减、展磨勘期限，视其功过等第，时间自一季至四年，长短不同。值得注意的是减磨勘年的收使方法。如距原定应磨勘之岁尚远，提前一两年磨勘自无问题；可是，如果已经临近磨勘转官之时，或所蒙奖赏优厚，则会“无年可减”。这里涉及收使“减年”的方法问题。一般说来，除可陈请“存留收使”外，多采取与资任、官阶“比类”“准折”的办法。[①]北宋中期既规定京朝官四年磨勘转迁，遂大都以“减四年磨勘”折一官。[②]

宋代史籍中，在述及褒奖或覃恩时，常常可以看到“隔磨勘”或“不隔磨勘”的记载。隔磨勘，是指此次虽系特恩迁官，但理磨勘亦自本次经恩后受官告之日为始。这样做，不问距官员前次转官时间长短，下次转官计日的起点却是一样的。其结果是，就官僚个人而言，

① 《宋会要辑稿·职官》一一之一八，第3322页；《长编》卷四〇〇，元祐二年五月丁巳，第9748页；《吏部条法·磨勘门》，第340—341页。

② 《建炎以来朝野杂记》甲集卷一二《减年对实历磨勘》，第244页。

那些已届磨勘之年者，认为自己前功尽弃，不满意；而对磨勘机构来说，如果因某日大礼，特诏百官磨勘迁秩，则数年之后，又当同时磨勘，行遣公事十分困难。

例如，据《长编》卷一九〇，至和三年（1056 年）九月改元嘉祐，大赦，加恩百官而隔磨勘；到嘉祐四年（1059 年）九月，京朝官同时岁满，皆应磨勘，致有以下奏请："审官院言：'应京朝官磨勘，在京者例须引见。今冬及来春京朝官磨勘年限俱满，乞依外任人例，更不引见。'从之。先是，明堂覃恩，内外官同时改转。自是每及三年则同时岁满故也。"①

熙宁以后，文武臣僚特迁官者一般不隔磨勘，即此次特令转官，不影响官员依其原定磨勘期限再次磨勘迁转。②

（四）磨勘的实质内容及其在宋代铨选中的地位

透过前述繁复的磨勘步骤和重叠手续，我们可以清楚地看到：

① 《长编》卷一九〇，嘉祐四年九月丁未，第 4592—4593 页。
② 《燕翼诒谋录》卷五《特恩转官不隔磨勘》，第 53 页。

第一，有司磨勘的实质内容在于资格与考绩，特别是前者。

注重资历，依序升迁，使人不绝仕进之望，有利于笼络并稳定官僚队伍；为保证宋王朝的长治久安，又必须查验官员的治事能力与效果，对官僚集团有所整饬。这种政治需要，决定磨勘的重点是两者的结合。宋人有言："国朝用人之法，一则曰举主，二则曰举主。"[①] 荐举在铨选中的地位不谓不重。然而，十分明显，对于举主的"择"，主要是围绕其资格进行的；"责"则是根据被举者的功过与资考进行的。从朝廷指定举主、限定被举范围，到举主物色对象（甚至被举者也"物色"举主），乃至朝廷审批所举之官，都脱离不了资格与考绩的制约。可见，贯串于荐举之法的核心、衡量所举短长的尺度，仍然不外乎上述二者。

在高度集权制之下，负责磨勘工作的部门无法确切掌握众多磨勘对象的"德行、才用、劳效"，查之有据的年资很容易被视为唯一可靠的升迁凭证。这样，一方

① 《新笺决科古今源流至论·别集》卷七《举主》，第19册，第6b—7a叶。

面是不问治绩造成的“猥进者多”，另一方面是苛求资格造成的人才压抑、士风不振。

第二，磨勘法确立以后，出现了京朝官转官程序简化的趋势。

京朝官磨勘年限确定后，依年叙迁，而基本上不必甄覆功过，亦毋需考虑举主等因素；仁宗嘉祐以后，磨勘者个人不须投入申请文状，前此外任不必到阙，嗣后在京者亦不引见。之所以有这种变化，主要是由于京朝官迁秩与改易差遣多不同时，检验其履历、功过的工作，一整套磨勘手续，自然而然地置于对其更形重要的注授差遣之际进行。因而可以说，磨勘在铨选中的意义，实际上已经远远超出了“转官”的范畴。

第三，“磨勘”地位空前上升，使得铨选职能部门的内部结构乃至权力重心发生深刻的变化。

唐代已有铨选“根本所系，在于簿书”[①]之簿历，宋代铨选的核心内容更集中于勘验文状，其结果举足轻重，几乎可以决定选人的命运。这使往昔的“南曹检勘”

① 《唐会要》卷八二《甲库》，第1793页。

有了极大的变化：铨选制度中所包括和涉及的各项工作的实质，各个部门的职能都离不开“磨勘”，流内铨无法满足于南曹“判成”的间接资料，而直接涉足于检勘事务，检勘不再是南曹一司所能专揽、囊括的职责。这一事实本身，恰恰使南曹失去了其特殊作用，成为赘疣，终于导致熙宁年间干脆被取消。①

另外，正如马端临在《文献通考·自序》中所说：“自以铨曹署官，而所按者资格而已，于是勘籍小吏得以司升沉之权。”②磨勘改官与注授差遣都是如此。科格琐细，日衍一日；旧比新例，事增一事。“公文世界”成就了“公人世界”。尽管改官选人必须引见，但是，皇帝的予夺大权无形中亦受着铨司磨勘结果的影响。

中国历史上，早就产生了“任贤勿贰”的思想。但是，在帝制社会中，不可能真正做到任人唯贤。有宋一代，很多有识之士曾经大声疾呼，要求改革考核迁转制度，而他们用以批判磨勘制度的依据，不过是“祖宗之世无磨勘”。事实上，磨勘法是官僚政治特定条件下的必然

① 《长编》卷二三五，熙宁五年七月，第5720页。
② 《文献通考·自序》，第8页。

产物，它是适应宋代统治者防范弊政、加强集权的政治需要而产生的。从磨勘法的实行中，也可以窥见历史的进步：从整体上讲，它奉行“资历至上”的原则，试图以此作为统一、恒定的标尺来裁取万端，较之门阀士族政治下的选举制度，体现着一种更为开放的趋势。

在当时条件下，施行磨勘制度便于加强对中下层官僚的管理，使官阶迁转出现了比较平稳的秩序，统治者可以相对集中力量去处理现实社会中更为重要的官员“差遣”职务的升降任免问题。但是，这一制度细密、僵化，注重文案而忽略实绩，缺乏活力，从而使铨选制度固有的矛盾更为深刻了。

通过对于北宋文官磨勘制度的剖析，我们看到，当时的统治者对于“任人唯亲”是有所防范的。然而，以案籍资历作为衡量、选拔人才的标准，却绝不能保证选贤任能。

制度与人才，是决定社会发展速度的重要问题。重资格而不注重治效，重举主、履历而不注重实际能力，把勘验簿籍档案作为考核的主要方式，这是官僚体制造成的痼疾。僵滞的官僚制度限制人才的培育，高度的中央集权束缚人才的发现，烦冗的磨勘方式压抑人才的选拔。不从根本上解决制度问题，整个社会蕴含着的能量就无法充分发挥出来。

原载《历史研究》1986 年第 6 期，略有修订。

宋代文官差遣除授制度研究

《宋史·职官志》总序部分在讲到宋代设官分职之制时说：

> 台、省、寺、监官，无定员，无专职，悉皆出入分莅庶务。故三省、六曹、二十四司类以他官主判，虽有正官，非别敕不治本司事，事之所寄，十亡二三。……其官人受授之别，则有官、有职、有差遣。官以寓禄秩、叙位著，职以待文学之选，而别为差遣以治内外之事。[1]

官、职、差遣之分离，是宋代官制的一大特色。对此，历来毁誉纷纷。持贬抑态度者，北宋即不乏其人，“多以正名为请”；时至今日，学界仍在批评其零乱混淆、“古

① 《宋史》卷一六一《职官志·总序》，第3768页。

怪离奇”。持褒扬态度的，则有称“宋官制最善”[1]者，如清末维新派人士康有为；有指出其“弃名取实”的灵活处置及其合理性者，如美国学者柯睿格（E.A.Kracke）、日本学者梅原郁等。[2]

这一分离，特别是标志官员身份地位、决定基本待遇的阶官与其担任的实际职务之分离，绝非自宋方肇其端。从西汉“秩卑而命之尊，官小而权之重”[3]的刺史制度，到隋唐散官与职事官分立制度，乃至唐后期职事官“视职”与不视职、“占阙”与不占阙的区分，都体现着一种共通的精神。而即便在其千年之后，诸多现代国家所实行的文官制度中，亦有着品阶与职位的区别。

北宋初期阶官与差遣分离的固定化，本是君主集权条件下设官分职制度趋于成熟的表现，也是长时期渐变、调整的结果，而其最为直接的原因，则是晚唐五代乱离

---

① 康有为撰，姜义华、张荣华编校：《官制议》卷四《宋官制最善》，《康有为全集》第七集（北京：中国人民大学出版社，2007 年），第 252 页。

② Kracke,Edward A.*Civil Servicein Early Sung China,960–1067: With Particular Emphasison the Development of Controlled Sponsorship to Foster Administrative Responsibility.* Cambridge: Harvard University Press, 1953.〔日〕梅原郁：《宋代官僚制度研究》（京都：同朋舍，1985 年）。

③ 《日知录集释（全校本）》卷九《部刺史》，第 528—529 页。

之中，“财赋不足以供赐，而职官之赏兴焉”[①]，原职事官队伍的性质发生了深刻的变化。这迫使中央决策层另辟蹊径，采取务实而不恤名的做法，另建有效能的治事系统。旧的职事官体制形式上依然存在，却被抽取了“职事”，而仅仅成为文臣武官的升迁之阶；以往权宜临时的“差遣”则成为制度。

长期以来，导致人们困惑之感的并不是宋代阶官与差遣之分离，而是分离后的阶官沿用着前代的“职事”官称。元丰改制，在调整、省并中央官僚机构的同时，通过“以阶易官”（用大夫、郎等寄禄阶名取代原用职事官称），在一定程度上改变了这种名实不侔的状况，使官员定禄秩、序位著有了比较整齐划一的新体系。宋代官、职、差遣各成系统，并不意味着彼此间断无关联。在官僚管理体制中，三者彼此制约影响、交互为用，而其中最为重要的，则是差遣体系。这一事实本身，即吸引人们关心宋代的差遣除授制度。

美国学者姜士彬（David Johnson）认为：“对于

① 〔唐〕陆贽撰，王素点校：《陆贽集》卷一四《又论进瓜果人拟官状》（北京：中华书局，2006 年），第 448 页。

理解（古代）中国社会的变动性来说，没有哪个题目比官员的选举问题更加重要……对于那些渴求提高自身地位的人来说，没有其他可供选择的出路。”[①]尽管如郝若贝教授（Robert Hartwell）所说，北宋后期士大夫阶层取向有所变化，出路亦较前拓宽了，[②]但总的讲，在宋代，成千上万士大夫目光的焦点，确实首先集中在科举与铨选方面。而对于那些已经通过各种途径入仕的人来说，对于国家的统治机能及治事效率来说，起着更直接作用的，则是官员的管理制度，尤其是委派职任的铨选方式。

这里有一个问题需要略加说明。宋代的差遣职务，大致分三类情形：一类一般由文资充任，一类主要由武资担当，又一类则文武资皆有。官员不同的“资”，在当时虽然有区分职能的功用，却主要是用以标志不同身份的。以文资官主持军政事务、以武资官负责地方行政的情况，屡见不鲜。因此，确定文职官员的范围，

---

① David Johnson, *The Medieval Chinese Oligarchy*, Boulder: Westview Press, 1977, p.19.

② 参见 Robert Hartwell, “Demographic Politicaland Social Transformationsof China, 750—1550”,*Harvard Journal of Asiatic Studies,* Vol.42, No.2(Dec.1982), p.416.

不仅要看某人是否文资、文阶，更要注意其实际职任与功能。[①]

宋代本官阶的升陟，一般通过磨勘叙迁。本章所讨论的，主要是常调范围内文职官员的差遣注拟，包括伴随冗官问题产生的铨选中“员多阙少”的突出矛盾与相关对策，以及除授时掌握的标准及程序问题。

一、宋代的铨选机构以及常调官员的参选

宋代的两府及侍从官，直接秉承皇帝的意旨除授，这批人大抵出身于进士高科，其迁除自有成例，上升速度很快，其中不乏年富力强之辈。宋代的百官庶僚往往以欣羡的目光注视着他们。此外，由朝廷除授差遣者，依本人身份高低、差遣职务清显紧要程度，大致分属中书门下或吏部四选进行注拟。[②]

① 可参考 Winston W.Lo: “A New Perspectiveon the Sung Civil Service”, *Journal of Asian History*, V17(1983): pp.121—135.

② 《宋会要辑稿·职官》三之三引《神宗正史·职官志》，第 3023 页下；《宋史》卷一五八《选举四》，第 3693 页。

首先，中书门下的“堂除”，即所谓“都堂奏差者”[①]。堂除有大致固定的阙次（职位），但范围比较灵活。与堂除相关联的，是“堂选”“堂占”。堂选主要指原属吏部的窠阙或原应吏部拟任的官员，归由中书门下除注，“自知县资序选充通判、自通判选充知州者，盖朝廷奖拔人材，以备任使，谓之‘堂选’”[②]，其中寓含着“不次用人”的意思。堂占则是由地位相对崇重、曾历要职或受到褒赏应予堂除之人，占射中书门下所掌握的差遣职位，“在堂窠阙，皆是重地要藩，守贰选任不轻，士大夫亦以为荣”[③]。进士高第、制科中等、立有功勋殊绩之人，常获堂除机会。“经堂除者，号为‘擢用’。”[④]曾由堂除人如果拨归吏部拟授，可以优先除注：徽宗以前，为防范权臣“阿私”，宰执子弟一般不予堂除。[⑤]

堂除本来是为了使最高统治者能够直接甄擢人才，

① 《朝野类要》卷三“入仕·堂除”条，第68页。
② 《长编》卷二八九，元丰元年四月丁未，第7064页。
③ 《南涧甲乙稿》卷九《集议繁冗虚伪弊事状》，第114页。
④ 《南涧甲乙稿》卷九《集议繁冗虚伪弊事状》，第114页。
⑤ 《文献通考》卷三四《选举考七·任子》，第1008页。

以充当要剧任使，而事实上，除授中往往受到资格与成例的限制。景德元年（1004年）八月拜相的寇准，“在中书喜用寒畯”，拒绝依照同僚及胥吏提供的例簿除授，竟至被真宗认为是“以国家爵赏过求虚誉，无大臣体”，从而导致一年之后的罢相。[①] 元丰年间，一度罢堂选、堂占，堂选阙次并归有司；以劳得堂除者，减磨勘一年，选人许不依名次、路分占射差遣。[②] 但重要阙次归由堂除之制一直延续下来。

其次，寄禄官朝议大夫（元丰前少卿监）、职事官大理正以下常调京朝官一般归吏部尚书左选（原审官院），自初任至幕职州县官归吏部侍郎左选（原流内铨）除授差遣。[③]

另外，自神宗时始，边远的川峡四路（益州路、梓州路、利州路、夔州路）、广南东西路、福建路加以荆湖南路凡八路之罢任官员，可以由本路监司负责，就拟差遣，称作“定差”。[④]

① 《长编》卷六二，景德三年二月丁酉，第1389页。
② 《长编》卷三二〇，元丰四年十一月戊申，第7730页。
③ 《宋会要辑稿·选举》二三之一引《神宗正史·职官志》，第5673页。
④ 《宋史》卷一五九《选举五》，第3721页。

除以上类型外，宋代尚有一部分基层职位由本部长官奏辟僚属，或临时差人摄事，而不经选司拟任。有些情况下，出于治事需要或其他原因，某些官员任满或临时被替，并不赴阙，而由朝廷直接派往他处任职，称作“就移”。不过，就常调官员的普遍情况而言，得替后需要依一定期限至主管部门参选。

自唐代以来，作为铨选制度中的特别用语，“选”本来是指每年一度的选择堪当职任者并加以委派的过程。开元年间，裴光庭为侍中，“以选人既无常限，或有出身二十余年而不获禄者，复作《循资格》，定为限域。凡官罢满，以若干选而集，各有差等，卑官多选，高官少选……自下至上，限年蹑级，不得逾越”[1]。这样，就有了大致固定的“选数”或曰“选限”，亦随之产生了“减选”“殿选”等赏罚名目。选限未至，即需守选；选数届满，即获得了参选资格，可以到吏部等候委任。

宋代常调文官，分为常调京朝官与常调选人两部分，他们构成了参选人群的主体。自初官至知州军，

① 《通典》卷一五《选举三》，第 363 页。

凡由吏部依常规次第叙升者，皆属常调范围。而大藩要府知州军、被特擢“出常调”者以及地方部门所奏辟的官员，则不赴常调。赵宋建国之初，出于增重人事集权及笼络士人的需要，曾规定“京官以上无选（按：指不必守候选数至铨曹参选），并中书门下特除”[①]。这种一概“特除”的局面并未维持多久，太宗时即将常调京朝官转归具体人事部门（京朝官差遣院以至审官院）负责；不过，他们照例不必守选。当时，按选限集中于铨曹的，仅余四等七资的幕职州县官，宋代所谓“选人”，主要就是指这一批人。他们的选限，自一选至十选，大不相同。决定这种差异的，主要是出身、官资及原任差遣闲剧等不同因素。不过，由于郊赦照例放选，一般至多只守选三年。熙宁四年（1071年）铨试之制确定以后，凡与试合格者皆可注拟，事实上取消了选人固定的守选期限。

宋代在部参选待拟者常逾千数，其类别很不相同。有一部分原属“以理去官”、不因犯罪而解者，若得替、

① 《宋会要辑稿·职官》一一之五六，第3343页。

省员、废州县、被冲移及侍亲、假故期满或丁忧服阙者；又有一些是曾因过犯而受到免官、追官、除名等处分而又叙复者；也有由于功赏或课绩高第等原因提前赴选的；但大量的是正常参部注授的常调官员。

二、宋代铨选中的“员”与“阙”

较之磨勘叙迁，差遣的除授要复杂得多。其关键区别在于：用来定俸禄、序位著的阶官，一般没有严格定员（尽管其中某些阶次有所限制）；而除授差遣，不仅需要计资量劳，而且受到有限的窠阙之严格限制，必须寻讨与官员条件相应的合入阙次。“员”与“阙”的矛盾，是铨司与参选人无法逾越的突出障碍。

作为铨选制度中的常用术语，“员”是指已经进入官僚队伍，包括在吏部官员名籍之内、有资格根据自身条件被任命以不同差遣的大小官员；“阙”（“缺”）又名“窠阙”，则主要是指实际治事体系中的上下职位。因就职者正常离任、致仕或意外事故等，造成了有待填补的空缺职位，亦称“阙”或“出阙”。在“官”与“差遣”分离开来的宋代职官结构中，差遣系统是由众多的窠阙组合而成的；国家的统治与管理效能，是由除授了差遣、填充到职位上的官吏们执行实施的。显然，要提高治事效率，必须综合考虑官员劳绩能力与职位本身的不同需要。二者之合理配置，应是铨选的主要目标。

员与阙的对应方案，是由一批批、一代代人事业务方面的行家里手精心设计、反复修订的。仅就窠阙而言，就依其除授部门之不同，分为堂除阙（中书政事堂负责除授）、吏部阙（吏部尚书侍郎左右选注拟）。同一部门掌握的窠阙，亦有不同等类：依阙次规定的高下条件及注拟要求不同，分为注阙与选阙；依出阙年限之不同，分为成资阙（通常二年出阙）与年满阙（一般三年或三十月出阙）。同一窠阙又按铨司张榜公布日限之短长，定为非次、经使、破格、残零及无入愿就残零阙。这种技术上精益求精的细致区分，尽管颇具匠心，有诸多合理之处，却不可能解决员额无限而窠阙有限的深刻矛盾。

“铨曹之患，员多阙少，注拟甚难。”[①]这一问题自南北朝以来即长期存在着，苏轼在《策别·课百官二·抑侥幸》中更进一步说：“国家自近岁以来，吏多而阙少，率一官而三人共之：居者一人，去者一人，而伺之者又一人。”[②]北宋中期以来趋于恶化的这种状况，给人事部门造成了巨大的压力。

北宋后期，政和三年（1113年）左右，吏部员数总计四万三千余，而吏部阙额一万四千余；[③]宣和元年（1119年），吏部四选官员总数达四万八千余，而五年之后四选阙额方至一万六千，[④]即以五年中未增一员而论，员、阙总数仍为三与一之比。员额最多的吏部侍郎右选，宣和七年（1125年）三万一千八十二员，“举天下内外窠阙，凡七千八十六处”。[⑤]即使是“流品”

① 《宋史》卷一五八《选举四》，第3716页。

② 《苏轼文集》卷八《策别·课百官二》，第244页。

③ 《皇宋通鉴长编纪事本末》卷一二五《官制》，影印宛委别藏清抄本，《续修四库全书》第387册，第342页；〔清〕黄以周等辑注，顾吉辰点校：《续资治通鉴长编拾补》卷三一，政和二年九月癸未（北京：中华书局，2004年），第1039页。《长编拾补》卷三一该条系年恐有误。

④ 《宋会要辑稿·职官》一之三五至三六，第2958页上；《宋会要辑稿·选举》二三之一二，第5683页下。

⑤ 《宋会要辑稿·选举》二五之二三，第5741页上。

较清、员数最少的吏部尚书左选，政和元年（1111 年）初：“都管朝议大夫以下至承务郎四千余员，都管知州至监当阙共二千余处，一人在任，一人待阙，方得均遍。”[①] 员阙矛盾，一方面是由于常调官员总数多、任职窠阙总数少这一根本矛盾；另一方面，则是当时在部参选官员多而可拟之阙少的眼前矛盾。作为铨司日常事务所须调剂、应付的，主要是后者。受种种因素影响，在吏部等候差注的人数和四选当时公布的阙额，时有变化，流动不常。仅据手头三例而言，政和元年（1111 年）正月，尚书左选在部官共四百余员，“兼日逐不住官员到部”，而当时所能公布的窠阙，只有七十余处，经临时多方措置，阙额增至二百有余。[②] 乾道五年（1169 年）十月，侍郎左选待拟选人计五百余员，所公布之阙次共三百四十余。[③] 最称“猥冗”的侍郎右选，在绍兴二十八年（1158 年）时有八百余名等待除授差遣者，而公布的亲民、监当阙加在一起，不过二百一十九处。[④]

① 《宋会要辑稿·选举》二三之七，第 5679 页上。
② 《宋会要辑稿·选举》二三之七，第 5679 页下。
③ 《宋会要辑稿·选举》二四之二四，第 5717 页下。
④ 《宋会要辑稿·选举》二五之二六，第 5744 页上。

员数与阙额长期保持如此悬殊之差异，无疑是以阶官与差遣的分离制度为前提的。讨论“冗官”及“省官”问题，首先应该将在册官员总数与在职官员总数加以区别。在宋代，这一差距在给铨选带来巨大压力的同时，事实上缓和了官冗状况对整个社会造成的直接冲击。正因为如此，“阙”的数额，成为人事部门控扼的重点。尽管“入流名品几七八十数”①，增员速度很快，尽管阙额裁而复添，总数趋于上升，而二者相较，大体上因事而设的窠阙仍属相对稳定。这正像林駉所说：“虽曰‘外有一官之缺，居者一人，去者一人，而伺之者又一人’，然居者一人而已，〔余〕虽有官而未禄也。内有一官之缺，延颈望迁者众……然得之者止于一人而已。是数人者，虽有欲得之心而无可得之地也。”②

宋代决策集团为处理员阙矛盾，采取了多种变通办法，其主要对策，一是从总体上加强对于“员”的限制，节制入仕之源，峻其举选条件。例如，降低科举取士

① 《长编》卷四一七，元祐三年十一月乙丑，第10129页。

② 《新笺决科古今源流至论·后集》卷五《省官》，《中华再造善本》影印元延祐四年圆沙书院刻本，第13a叶。

比例、裁抑恩荫任子条件，并区别流品、恪守资格、铨试校考等等，以“苛文峻法，离合其荐员，增广其年祀，梍绝其迁升”[①]。

二是增设阙额，扩大安置。随着统一国家的发展，管理事务日繁，阙额的调整本来势不可免。不过，在当时，这种调整一定程度上是为了迁就日益增多的吏员，试图缩小二者间悬殊的差额。王安石主持变法期间，为减少新法实施过程中的阻力，沙汰了一批执行新法不力的官员，另辟宫观“差遣”，作为安置这些人的阙次。此后，新法虽废而宫观窠阙却作为经久可行的优待、收容办法被延续下来，而且数额日增。徽宗政和中，尚书省要求增置州县曹掾阙额五百余处，据蔡绦说，“其实患员多阙少”[②]。南宋时增阙现象更为严重。不仅自北宋已出现的“添差”大为普及，且更递加名目，“高之为置使、

① 〔明〕黄淮、杨士奇编：《历代名臣奏议》卷一三六，蒲宗孟《论仕进抑塞书》（上海：上海古籍出版社，1989 年），第 1784 页。

② 《皇宋通鉴长编纪事本末》卷一二五《官制》，《续修四库全书》第 387 册，第 342 页；《续资治通鉴长编拾补》卷三一，政和二年九月癸未，第 1039 页。

为提领，卑之为主管、为监”[①]，一职而数人共之，无事亦置阙焉。

三是量缩任期，以早日“出阙”。宋代常调地方官的实际任期呈缩短趋势，官员不能久任，成为影响治效的重要因素。在窠阙数额基本稳定的情况下，铨司希望量缩官员在任期限，例如有些职务由三年满改为三十月满，有些由任满离任改为成资即替等，希望以此加速流动步率，使在部参选者尽快得到拟任的机会，已差注而等待出阙人尽快赴任。然而，官员更易频数，“虽守阙者暂时为利，罢任者赴选益多”[②]。这种不顾久远的短期行为，既无益于治，又使一批批新的待拟人源源而来，几类于饮鸩止渴。

四是预使员阙。“使阙”指某职位虽现有官员在任，但理为出阙，以便提前除授待拟者，保证及时交接。北宋开国后，往往缺官，一俟拟任，便急于发遣。真宗祥符三年（1010年）东封放选，三千余人赴集，流内铨无

① 〔宋〕杨万里撰，辛更儒笺校：《杨万里集笺校》卷八九《冗官下》（北京：中华书局，2007年），第3528页。

② 《历代名臣奏议》卷一六〇，宋庠奏，第2089页。

现阙可用，预使隔年季阙，为之注拟，遂为例。[①] 仁宗景祐三年（1036 年），审官院奏请以现任官到任一年半使阙、三十月交替，[②] 即预使一年之阙。哲宗元祐元年（1086 年）时，“举天下之员阙，不足以充入仕之人”[③]。尚书左选所属知州、通判到任半年即使阙，[④] 侍郎左选已经使到元祐四年（1089 年）夏秋季阙。[⑤] 其后，堂除人亦有待阙一年以上者，“人情惊骇，昔所未见！”[⑥] 而南宋时，现任人到任即“出阙”，已经形成定制。[⑦]

预使员阙及待阙年限的延长，与依限守选制度事实上被废除有关。自五代时，郊恩放选即许“待阙注拟”[⑧]。熙宁强调铨试，亦许不守选限。所以，针对这一痼疾，苏辙所开处方是“乞复选人选限”[⑨]。员多阙少，总会

---

① 《长编》卷一〇一，天圣元年闰九月甲午，第 2336 页。

② 《长编》卷一一八，景祐三年二月戊辰，第 2777 页。

③ 《长编》卷三八六，元祐元年八月辛亥，第 9401 页。

④ 《长编》卷三八九，元祐元年十月乙未，第 9467 页。

⑤ 〔宋〕苏辙著，陈宏天、高秀芳点校：《苏辙集·栾城集》卷四〇《乞复选人选限状》（北京：中华书局，1990 年），第 714 页。

⑥ 《苏辙集·栾城集》卷四四《论堂除太宽札子》，第 776 页。

⑦ 《吏部条法·差注门》，第 102 页；《宋会要辑稿·选举》二三之一四，第 5686 页。

⑧ 《宋本册府元龟》卷六三三《铨选部·条制第五》，第 1b 叶，第 2048 页。

⑨ 《苏辙集·栾城集》卷四〇《乞复选人选限状》，第 713 页。

导致部分官员待业。不候选限而预使员阙的做法，将压力集中于铨司，却通过提前拟任，在一定程度上安抚了参选官员，使他们看到了个人的仕宦前景，不至因绝望而导致“奸邪无状”，造成政治上的不稳定局面。但这一办法不可能真正缓解员多阙少的矛盾，反而造成了待阙人咨怨不已的尴尬场面。

五是借阙或破格注拟，调整资序与窠阙的相应位次。宋代，有限的窠阙分散于中书及吏部四选等处，诸阙所要求的资序事先即已确定，这使得本已紧张的员阙关系更趋复杂。报请皇帝批准，临时借用他司窠阙，是经常行用的一种通融办法。中书时而侵用吏部员阙，吏部除在尚书、侍郎选间上下调剂外，往往申请以“堂阙”还部或借注堂阙。作为权宜之计，这虽然保证了当司一时的周转，却引起了许多后遗症和混乱状态，引起了朝臣们的批评。为解决这一问题，朝廷曾多次调整区分，如元祐二年（1087 年）定知州军堂除阙一〇四处、吏部阙九十八处，次年又确定在京差遣之堂除阙与吏部阙等等。[①]但“借阙”现象始终无法杜绝。尚不仅此，根据候选人条件，临时调整阙次对于资序的要求，更多地是在本司内进行的。

“注拟不行”是当时的普遍状况，但吏部手中并非绝对无阙可注，只是与待拟人合入资序相当的阙次少、待拟人愿意就差的阙次少。与大量选人、京朝官滞留在部同时，大批阙次空置数年，职事旷废。熙宁时，身为监察御史里行的彭汝砺即向神宗皇帝汇报说：“臣问审官吏，〔知〕今知县阙次，常有余处。虽至好县分，亦不肯注授，故诸处阙官有至数年者。”[②]北宋末年，仅成都府一路，即缺正官一百三十余。[③]这些被冷落的窠阙，或资序应入人少，吏部未及时调整；或事务烦剧；或位于边远地区与无职田处。已经待次有年，一生难得成就几任的官员们，含辛茹苦熬得机会临近，不肯“屈就”所不满意的窠阙。凡此种种，更加剧了固有的员

① 《宋大诏令集》卷一九五《诫约不得侵占吏部阙诏》，第719—720页；《长编》卷四〇四，元祐二年八月乙未，第9838页；《长编》卷四一七，元祐三年十一月丙午，第10122页。

② 《历代名臣奏议》卷一三七，彭汝砺《论县令状》，第1801页下。

③ 《宋会要辑稿·选举》二三之九，第5681页上。

阙矛盾。

统治者看到这些问题，力图以破格差注的方式来进行调节。破格，既有所谓破格拔擢，以有能力、堪任使而资序低者权入高资序职位，冠以“权”或“权发遣”之名衔；[①] 又有阙次公布日久、合格者无人愿就，因而破格注授条件稍逊者；[②] 还有临时成批调整某资序之可入阙次的。[③] 这些“破格”办法本身，事后均经整理，列入了格条之中。相比之下，第一种办法不仅仅着眼于员阙问题，立意提高治事效能，措施比较积极。

三、宋代铨选中的差遣注拟过程

合理搭配员、阙，把适当的人选分派到适宜的差遣职位上去，是铨选的中心任务。在实际施行中，由中书门下与吏部四选分别主持，形成了一系列复杂而大致有

① 《长编》卷二六九，熙宁八年十月乙丑，第 6583 页；《长编》卷三七〇，元祐元年闰二月丁巳，第 8955 页。
② 《吏部条法·差注门》，第 5 页。
③ 《长编》卷九六，天禧四年十一月壬子，第 2221 页。

条不紊的程序。其中关卡之多、防范之严、分工之细，都是难以想象的。以下着重讨论常调官员注授差遣的程序问题，希望能够从中看出，在宋代，“员”是依据何种原则，如何被填充到“阙”内去的。

（一）阙次的确定

北宋前期，沿前代之制，与幕职州县官有关的阙额及俸钱等，都是由吏部格式司掌管的。诸州县及在京百司因官员调任、替罢、假故、致仕、死亡等原因而出阙或新设机构需要吏员，即由当州或当司每季将阙额递交吏部格式司，是为“具阙申送吏部格式”①。格式司置在任及得替幕职州县官版簿，具录其条目，替罢者并具官名及因依。员阙汇总后，一并送铨。②

元丰五年（1082年）以后，吏部尚书左选、侍郎左选专门设有掌阙案、知阙案、格式案等，负责统计落实

① 《宋本册府元龟》卷六三二《铨选部·条制四》，第4a叶，第2042页。

② 《长编》卷五，乾德二年二月戊申，第121—122页；《宋会要辑稿·职官》一一之七六，第3364页上；《职官分纪》卷九《格式司》，《景印文渊阁四库全书》第923册，第245—246页。

窠阙。[1]

庆历年间，兵部员外郎兼侍御史知杂事赵及权判吏部流内铨，惩铨吏隐匿员阙、邀求贿赂之弊，奏请朝廷，格式司一送到员阙，即以长榜公布于众。自此，吏部铨选中有了“榜阙”的做法。[2]

（二）投状与初审

诸路罢任得替之常调京朝官、幕职州县官，纷纷持解由赴部参选，他们首先需要依据规定投入文状，其中包括详细记录乡贯、三代、年齿、出身、履历、举主及功过的脚色、家状、荐状和印纸历子等。《吏部条法·印纸门》所载《尚书侍郎左右选通用令》：

> 诸参选者，录白出身以来应用文书，并同真本，于书铺对读，审验无伪冒，书铺系书。其真本令本官收掌，候参部日，尽赍赴本选，

① 《古今合璧事类备要·后集》卷二七《六部门·吏部》，第 2a—b 叶。

② 《长编》卷一五四，庆历五年二月戊戌，第 3746 页。

当官照验。[①]

这里所说的“书铺”并非刊售书籍之店肆，而是设立于民间的一些政府文书事务代办机构。书铺户可以受理准备参选文书、进行验证一类事项，靠他们的经验，协助参选者通过各个程序的审查。当时，有些书铺已经相对固定地分别联系于吏部四选。绍兴年间，秦桧寻其“恩家”曹泳，就是通过侍右书铺找了来的。[②]书铺这类特定职能的出现，恰从一侧面说明了宋代铨选及参选人对于案籍文状的重视程度。审验文书的结果已经成为除授差遣的主要根据，直接关系到常调官员们的仕宦生涯。

同时参选的，还有通过科举考试或由荫补、年劳、进纳等途径初入仕途者。他们亦须供纳“脚色”等文状。

唐代，综核选人文书是由吏部南曹负责的。北宋前期，选人仍旧到南曹“纳解投状”；而判成送铨的簿历，

---

① 《吏部条法·印纸门》，第 231 页。

② 〔宋〕周密撰，张茂鹏点校：《齐东野语》卷一一《曹泳》（北京：中华书局，1983 年），第 197 页。

流内铨还要“逐旋磨勘”。[①] 这样，本“掌考验选人殿最”的南曹，事实上成为与铨司相互关防阙误的机构，往复稽核，留碍百端。熙宁年间，因判铨许将建议，废南曹。[②] 此后，磨勘改转者将文状缴纳吏部考功司，参选待拟者径投所辖铨司。

（三）铨试

宋代的铨试，即由铨选机构主持的考试，是自唐代吏部试书判的办法演变而来的。主要与试者是荫补之人、科举考试赐同出身或特奏名人，以及虽曾任官而现应守选（如任内无可称奖之劳绩，或有殿负，或无人举荐者）、且无免试恩例的选人。[③]

熙宁年间，作为王安石吏治思想的实践，铨试受到了充分的重视。四年十月，复位铨试之制。据马端临说，

---

① 《宋会要辑稿·选举》二四之九，第 5700 页下。

② 《长编》卷二三五，第 5720 页。

③ 《建炎以来朝野杂记》甲集卷一三《取士·初出官人铨试》，第 267—268 页；《古今合璧事类备要·后集》卷二七《六部门·吏部》，《中华再造善本》影印宋刻本，第 3b 叶；《文献通考》卷三四《选举考七·任子》，第 1006—1007 页。

> 旧制荫补初赴选，皆试律暨诗；已仕而无劳绩、举荐及无免试恩，皆试判。〔熙宁〕更制以后，概试律义、断案、议，后又增试经义。中选者皆得随铨拟注，其入优等者，往往特旨擢，赐进士出身。[①]

于是，荫补人及天下官吏争相诵习法令。据载，铨试取人有一定比率，或十分取七，或十分取五。试中即委以差遣，累试不中者，年四十可以参选注“残零阙”。[②]这样，事实上废止了幕职州县官依固定年限参选的“守选”制度。

南宋时，铨试传题代笔之弊，引起了广泛的关注。朝廷三令五申，命赴试人结保、责成书铺户及保官辨认正身，试官于帘内次第引问，并差专人措置关防、广行缉捕假手之人。但“有司防闲愈备，而小人奸计愈生”，终于收效甚微。[③]

---

① 《文献通考》卷三四《选举考七·任子》，第 1007 页。

② 《建炎以来朝野杂记》甲集卷一三《取士·初出官人铨试》，第 267—268 页。

③ 《宋会要辑稿·选举》二六之一四，第 5759 页下。

（四）射阙与待次

常调参选者分别于四选投入文状之后，经审验合于格式，铨司即将其理为“到部”。铨试合格者亦同时取得了到部排列名次的资格。他们首先被允许根据吏部公布的阙榜及自己的资序，开具“欲求所向路分差遣状”（一般可以指定三路），即“射阙状”。如果情愿入远或愿得折资差遣，也在状内写清。[①]状前须注明本人户贯、寄居州府及有田产物力处，备述历任、功过、举主，先由书铺书押验证，再由吏部郎官抽查点检。[②]

由于陆续到部者很多，难于同时发遣，所以他们只能依本人条件排列顺序，等候挨到自己的次第。这一过程被称为“待次”，常需数月乃至一两年之久。

对于参选者来说，排列次序的标准，无疑是士大夫关心的敏感问题。北魏《停年格》以停官久暂为序；唐代《循资格》凭官资定选数，以选数论先后；宋代，有

① 《宋会要辑稿·职官》一一之二至三，第3305页；《长编》卷一二三，宝元二年正月己未，第2894—2895页。

② 谢深甫编，戴建国点校：《庆元条法事类》卷六《职制门·朝参赴选》，杨一凡、田涛主编：《中国珍稀法律典籍续编》第1册（哈尔滨：黑龙江人民出版社，2002年），第108—109页。《吏部条法·差注门》，第5页。

以荐者多寡为差、有以到选先后为次。[①] 而“升名次”亦随之成为宋代官僚管理中重要的褒奖方式之一。选人离任期间，俸禄亦停，待次时间一长，往往贫乏困窘。为防酿成不测，有司或允其以前资官身份临时差摄职务，领取津贴；或允其请假出外，候名次稍高再赴铨司。[②]

（五）差注：预拟

吏部所掌握的大量窠阙，一一规定有不同的相应资序。从工作性质上，可以划分为两大部类：一为“亲民差遣”，注亲民资序人；二为“厘务（监当）差遣”，注监当资序人。但这种搭配并非绝对不变，监当阙有时亦差注亲民资序人。

吏部主持铨选的官吏，首先根据参选者的文状，确定其应人资序的等类，包括级别与地望。除授的资序问题，牵涉到一系列细密的规定（见本书第三篇文

① 《古今合璧事类备要·后集》卷二七《六部门·吏部》，《中华再造善本》第 8b 叶。

② 《长编》卷三〇〇，元丰二年九月丁卯，第 7297 页；《长编》卷一八七，嘉祐三年六月甲寅，第 4514 页。

章[1]），此处不再赘述。粗略地讲，以京朝官为例："在法，做两任知县，有关升状，方得做通判；两任通判，有关升状，方得为知州；两任知州，有关升状，方得为提刑。提刑又有一节，方得为转运。"[2]

应入资序大致决定后，即需从现有窠阙（包括所"预使"之员阙）的规定出发，在参选人中依次寻求条件相当者。何类阙注何等人，铨条中有明确规定；在候选者条件参差时，决定选择的顺序，也有一定的标准。例如，《吏部条法·差注门》之《尚书左选格》，载有"选亲民官"的要求："经朝廷选任、经任寺监丞、考课优等、本职被赏（谓减年以上）、曾历本资——右以次选。"[2]这些条目的重点，实际上不外乎资历与考绩二项。

在铨选中，对于考绩高下的衡量，宋代形成了一套与唐代大不相同的、以实用易行为特点的办法。尽管当时仍然行用善、最之科考评群僚，而事实上，长官多书以"中"考，往往难分高下，从而流于形式。

---

① 邓小南：《试论宋代资序体制的形成及其运作》，原载《北京大学学报（哲学社会科学版）》，1993年第2期，第46—55页。

② 《朱子语类》卷一二八《法制》，第3073页。

② 《吏部条法·差注门一》，第24页。

约自北宋时期，出现了将官员功状、过犯、服务年限及其应得奖惩的程度比折为分数的做法，并以此作为铨选的根据。《吏部条法·差注门》中尚书侍郎左右选通用的“校量功过”条，对此有详尽的记载与说明。其中把官员所受转官、循资、减磨勘年等酬赏及追行、降官、落职、勒停、冲替等处罚，统统折算为自肆拾分至壹分不等的加减分数，靠这种办法拉开候选官员相互之间的距离，以区分档次。[①]这样，即使属于同一资序者，亦会产生先后之别，从而便于注拟，并可以有效地减少纠葛与怨尤。

注拟时遵用的条格之繁密程度，可以从今存《吏部条法》残卷和散见于其他史籍的数据中窥得一斑。其“繁”，在于分类层次复杂、要求具体细致，甚至重复歧互；其“密”，在于待拟人资序与窠阙等次的严丝对缝，资深者序进，格到者次迁。即以县令为例，不仅具体规定了需要的任数、考数、举主条件及员数，以及课绩高低或负犯的处理方法，而且，县令有因荐

① 《吏部条法·差注门一》，第9—10页。

举而入者，有因循资而入者，其就职路分亦原则上规定为一任远、一任近。如在川峡、广南等缘边地区就职而不许挈家赴任，代还日皆免守选，或先次注授近地差遣；而因假故不叙资考者，赴调日再任远地。另外，对其任期、理任办法等，都有具体条文。① 这许多条件，又都因时因地而规定各异。

规定如此严整的铨格，事实上会造成“注拟不行”的局面。杨万里曾举例说：“尚左之干官，高者不肯入，卑者不得入。于是揭阙于墙壁，有九年而不授者，若广东提刑司干办公事是也。有七年而不授者，若广西提刑司干办公事是也。有六年而不授者，若广东经略安抚司干办公事是也。”② 所以，经常看到铨司报告“在部人多”而“合入资序者少”，要求临时调整选法的情况。因此而出现了非次、经使、破格、残零等阙次名目。仍以幕职州县官为例：

① 《宋史》卷一六九《职官九》，第 4040—4043 页；《宋史》卷一五九《选举五》，第 3721 页；《长编》卷九四，天禧三年十一月丁巳，第 2170 页；《长编》卷九五，天禧四年六月戊申，第 2199—2200 页；《长编》卷一二九，康定元年十一月庚辰，第 3058 页；《吏部条法·差注门六》，第 161—162 页。

② 《杨万里集笺校》卷六九《论吏部差注之弊札子》，第 2936—2937 页。

应非次阙，出阙伍日为非次；应经使阙，非次后壹日为经使（按：以上系“正格阙”）；应破格阙，自出阙首尾榜及叁月为破格；应残零阙，破格后榜及拾日为残零；应无人愿就残零阙，残零后再榜拾日为无人愿就残零阙。[①]

受员、阙双方各种变动因素影响，在实际差注过程中，以资序为轴的注拟曲线自然要随之发生变化。这在一定程度上缓和了员、阙条件不侔的矛盾。仅元祐元年（1086 年）上半年，在到部参选的七百余人中，即有四百八十余人就“凋零”阙次。[②]当然，也有一些“宁缺毋滥”，一般不准理为“破格”窠阙，例如：

应专选监当，自出阙至久榜，更不作破格；应司法除川广外，虽久榜并不作破格；应堂除拨下阙，虽出阙久榜并不作破格。[③]

① 《吏部条法·差注门二》，第 45 页。
② 《长编》卷三八〇，元祐元年六月戊申，第 9237 页。
③ 《吏部条法·差注门二》，第 45 页。

虽然当时很多人相信“法本无弊，例实败之”[①]，事实上，铨曹条格本身不仅繁复纷委，而且逐旋冲改、废置不常。有时，朝廷不暇检录旧制，临时颁行敕令，导致前后重复，有时因事立制，又不免相互抵牾。[②]这正为不法胥吏提供了用武之地。《续资治通鉴长编》嘉祐三年（1058 年）十二月乙酉条：

> 时铨格繁密，吏所以为奸，其绪尤多。案牍及书课历疑误仅若毛发，先辄行下，推原数四犹不释，以邀贿请。[③]

为了对付这类问题，仁宗即位之初，鲁宗道判铨，悉书选调科条，揭于庑下，以便选人。[④]徽宗时，韩粹彦领侍郎右选，也曾采用这种办法，把铨曹格令与窠阙

① 《文献通考》卷三八《选举考一一·举官》，第 1123 页。
② 《长编》卷一四六，庆历四年二月丁巳，第 3550 页。
③ 《长编》卷一八八，嘉祐三年十二月乙酉，第 4536 页。
④ 《长编》卷九八，乾兴元年三月壬申，第 2276—2277 页。

一起，大书而揭之门。[①]

（六）差注：集注问阙

从官员到部待次至初拟，准备过程很长，而正式差注却进行迅速。据《吏部条法·差注门》，“诸集注阙，每季首月检举，于拾日内注。……诸注官，判成后限贰日，叁拾人以上展壹日”[②]。

宋代为减少铨选中的壅塞现象，不再实行“锁铨”制度，[③]而是四时注拟，甚至逐月集注。[④]集注时，“集长贰廷坐，而下列愿注授之人，高唱其阙而问之，以授窠阙”[⑤]。其中，尚书左右选负责的京朝官、大使臣，亲自批书“就”或“不就”；侍郎左右选负责的幕职州

① 〔宋〕赵鼎臣：《竹隐畸士集》卷一七《故龙图阁学士宣奉大夫中山府路安抚使兼马步军都总管兼知定州军府事提举本府学事兼管内劝农使开封县开国子食邑六百户赠特进资政殿学士韩公行状》，《景印文渊阁四库全书》第1124册，第245页。

② 《吏部条法·差注门一》，第7页。

③ 《长编》卷七一，大中祥符二年正月乙酉，第1591—1592页。

④ 《古今合璧事类备要·后集》卷二七《六部门·吏部》，《中华再造善本》第14b—15a叶。

⑤ 《朝野类要》卷五《余记·集注》，第106页。

县官和小使臣，听候长官唱名，回答愿注之处。[①]

《宋史·雷德骧传》中讲述了雷有终参加集注的事例：真宗年间，他“以荫补汉州司户参军，时侯陟典选，木强难犯，选人听署于庭，无敢哗者。有终独抗言，愿为大郡治狱掾。陟叱之曰：‘年未三十，安可任此官！’……署莱芜尉”[②]。

如果对铨司初拟结果不满意，可以参考本人意愿改拟。而改拟两三次仍不愿就者，则由主司参照原指射路分，据其合入远近“硬差”。若有特殊理由，如系丁忧服阕人，或自不搬家地分代还者，可以多拟一次。[③]

硬差，间或称作“定差”“直差”，指不须经本人同意而由主司拟定差注。犯赃罪、被冲替人“合当硬差”，多次问阙而不就者亦可以硬差。这类即便已经破格，仍然无人肯就，以致需要硬差的阙次，有时被称为“硬阙”。由于知县、县令职责繁重，很多窠阙久不注授，“诸路县令例直差注”[④]。熙宁年间，江

① 《吏部条法·差注门一》，第 6 页。

② 《宋史》卷二七八《雷德骧传附子有终》，第 9455 页。

③ 《长编》卷一二三，宝元二年正月己未条，第 2894—2895 页。

④ 《宋会要辑稿·职官》四八之三二，第 4330 页上。

南东西、荆湖南北四路知县阙，有一些即连续数年被当作硬阙处理。[①]

集注唱名、注定阙次之后，吏部郎官即将前此公布的阙榜销去，代之以“拟榜”。每季甚至每月一度的这种集注，一般两天内即可完成，侍郎左选集注选人，当日即定。选阙则在三日内拟定。[②]当然，到阙赴选、并已审验过文状的人员绝非可于当季发遣完毕，因没有适当阙次而阻滞待拟的人员始终存在。

从预拟到集注问阙，铨司不时针对情况调整窠阙与资序的搭配关系（对此，罗文教授称之为“采取了自由经济中的供求原则”[③]），有着一定的灵活性；参选者的主观愿望亦在一定程度上得到尊重：不仅事先可以射阙，集注时可以选择，事后还可以在一定期限内提出换易差遣的要求。[④]从实施过程来看，差注中所贯串的，是以“疏导”为主的原则，而这些办法也被事实证明是

① 《宋会要辑稿·职官》四八之二九，第 4327 页上。

② 《吏部条法·差注门一》，第 6 页。

③ 罗文：《由现代行政学的职位分类看宋代的人事行政制度》，《华冈文科学报》，1978 年第 11 期，第 144 页。

④ 《吏部条法·差注门六》，第 162 页。

行之有效的。

（七）集注、铨量

铨量与集注问阙事实上是同时进行的。铨量，指由吏部长贰审验人才，精心物色知州、通判与知县、县令的人选。[①]其本意在于弥补单纯注重案籍、依格拟授的缺失。然而，制度与程式设计酿就的结果，仅靠一二吏部长官是无由逆转的，因此，“铨量”也在这整体氛围之下，被分解为一步步例行手续。杨万里《选法下》中有：

> 今吏部亦有所谓“铨量”者矣：揖之使书，以观其能书与否也；召医而视之，以探其有疾与否也；赞之使拜，以试其视听之明暗、筋力之老壮也。曰“铨量”者如是而已矣，而贤、不肖、智愚何别焉！[②]

① 《朝野类要》卷四《政事·铨量》，第 89 页。

② 《杨万里集笺校》卷八九《选法下》，第 3511 页。

尽管如此，总算检查了身体，验明了精力强衰，于日后治事亦不无裨益。也正因为铨量中有可能淘汰部分人选，才使得某些官员力求“在外射阙”而规避到部铨量。[①]

（八）过门下

吏部差注之后，还有一系列关送、勘覆手续。其中最重要的一环是“过门下”，或曰“过门”“过堂”。北宋前期，审官院拟授的知州军京朝官，由中书负责审验；幕职州县官经流内铨注拟之后，送门下省押定。后者多半只流于形式，但也有确行其事者。宋初，王祐（祜）判门下省，侯陟判铨，铨司注拟之官，王祐（祜）多所驳正。[②]

元丰改制后，门下省主审覆、封驳之事，“过门下”有了实际内容：经吏部四选拟注的官员凑为甲次（所谓“团甲”），由尚书都省送门下省，给事中校其仕历、功状，侍中、侍郎引验、审察。有违碍格条或老疾不任

① 《宋会要辑稿·选举》二三之一七，第5689页。
② 《宋史》卷二六九《王（祐）〔祜〕传》，第9242—9243页。

事者，即退回吏部改注，同时具事因奏报；其他获通过者上奏，候批旨降出，送尚书都省施行。[①] 此法施行后不久，仅给事中陆佃一人，就曾于读吏部奏钞之际，驳回吏部为宋彭年、贾种民等数人所拟差遣。[②]

门下省审察的重点，在于拟注为知州军（有时亦包括通判）的京朝官。[③] 重视对于亲民长官的除授，是宋代的一贯政策。

（九）给告、谢辞

以北宋前期常调选人的除授为例，过门下之后，尚书都省把内中批回的幕职州县官注拟文案送到甲库，甲库出给签符，并关送南曹、格式司、官告院。舍人院据送到词头命词，官告院出给告身，格式司填阙注籍，南

① 《宋会要辑稿·职官》一之二〇，第 2948 页下；《宋会要辑稿·职官》二之二引《神宗正史·职官志》，第 2985—2986 页。

② 《长编》卷三二九，元丰五年九月壬辰，第 7930 页；《长编》卷三三二，元丰六年正月乙巳，第 8009 页。

③ 《长编》卷四一五，元祐三年十月戊子，第 10076 页；《宋会要辑稿·选举》二三之一五至一六，第 5687—5688 页。

曹颁发历子。[1] 为领取告身，宋初选人还须缴纳一定数目的朱胶绫纸钱。[2] 此后，选人由吏部官员引导至殿廷或合门谢辞，依礼仪规定而拜伏舞蹈（同时经磨勘改京官者，在正式集注授与差遣之前即已参加了“引见”）。[3] 注拟为知州、通判的京朝官，辞见时，往往要上殿接受皇帝审视、训谕。[4] 已拟任官有时还需要到御史台告辞，称作“台辞”，其中若有庸懦昏暗之人，御史可以弹奏。[5] 南宋时，引见、上殿礼仪都大为简省了。[6]

谢辞意味着参选过程的结束。除授的结果，即“除日”，由朝廷发送邸报，通知百司各方。石介在嘉州时，曾见到载有除改目录的邸报，得知“张叔文由御史台主簿改著作佐郎，依旧在台”，因而赋诗一首，其中有“惊

---

① 《职官分纪》卷九《甲库》，《景印文渊阁四库全书》第 923 册，第 250 页。

② 《宋会要辑稿·职官》一一之六三，第 3350 页上。

③ 〔宋〕宋敏求撰，诚刚点校：《春明退朝录》卷中（北京：中华书局，1980 年），第 28 页。

④ 《宋朝诸臣奏议》卷七七《见谢辞》，第 842—847 页。

⑤ 《宋会要辑稿·职官》五五之八至九，第 4501 页。

⑥ 《朱子语类》卷一二八《法制》，第 3064 页。

闻除目到遐荒”句。[1]南宋仍行此制。

（十）待阙

参选结束，距被拟官员可以赴任治事之日，一般还需相当长的一段时间，以等待被拟职位出阙。这被称为“待阙”。待阙有两种含义：一是在铨司等待可注之阙，这个意义上的待阙，即相当于“待次”。另一含义，是指官员被注拟了差遣之后，等待所注之处实际出阙。多数情况下，“待阙”是就后者而言的。宋人亦有将后一意义上的“待阙”与“待次”混淆使用者，如《西台集》卷一一《与李门下侍郎》，毕仲游自述说：“岁归自吏部，授阆州阙，还汝待次。”[2]

在朝廷颁布的除授敕命中，有时会明确指出“替某人某月满任（或成资）阙”。庆元年间，胡柯所作《庐陵欧阳文忠公年谱》中收录了仁宗时期欧阳修被差注的

① 〔宋〕石介著，陈植锷点校：《徂徕石先生文集》卷四《嘉州读邸报见张叔文由御史台主簿改著作佐郎依旧在台》（北京：中华书局，1984年），第46页。

② 〔宋〕毕仲游撰：《西台集》卷一一《与李门下侍郎》，丛书集成初编排印本（北京：中华书局，1985年），第181页。

历次制词，其中景祐三年（1036年）“降授守峡州夷陵县令，替刘光裔今年七月成资阙”；次年“特授守光化军乾德县令，替张宗尹来年三月成资阙”；宝元二年（1039年）“充镇南军节度掌书记、权武成军节度判官厅公事，替节度推官赵咸宁来年二月满阙”。庆历四年（1044年）以后，欧阳修先后任河北都转运按察使，“替张昷之”；知滁州，“替赵良规”；知扬州，“替张奎”。[①] 此时，他早已“出常调”，无须待阙，而可以径直走马上任了。

随着官冗问题的突出、预使员阙年限的伸延，待阙时间越来越长，波及面也越来越广，不仅常调官待阙，堂除人乃至监司亦需待阙。庄绰在《鸡肋编》中提供的数字是：“元祐六年五月，吏部待阙官：尚书左选一百六十二员，侍郎右选八百余员，并使一年以上至二年两季阙。尚书右选二百八十三员，侍郎左选五百三十七员，并候一年一季已上至二年三季阙。”[②]

① 〔宋〕胡柯：《庐陵欧阳文忠公年谱》，收于《欧阳修全集》附录卷一，第2599—2600、2602—2603、2604—2605页。

② 〔宋〕庄绰撰，萧鲁阳点校：《鸡肋编》卷下《四选人数》（北京：中华书局，1983年），第98页。

不过，待阙时日的久暂，一般并不影响官员阶秩的磨勘转迁。朝廷有时也特差待阙官员临时去管勾他事。

吏部四选掌握的“待业”常调官员中，除去大量已注而待阙者之外，还有不少由于各种原因已授被改、欲赴被罢及待次年深的官员。宣和七年（1125年）初统计的结果，在吏部等候发遣的后三类人竟达二百零四名之多。[①]

四、“以资格用人者，有司之法”

综上所述，宋代为常调官员除授差遣的工作，始终是在“员多阙少”这一突出矛盾的压力之下进行的。铨选中履行的诸多程序，在往复冲改、相互折中的漫长过程中逐渐形成，且非一成不变，其实质内容是对于资序的审定以及对于员、阙对应关系的调整。

确定铨选主旨，离不开当时整个设官分职制度。阶

① 《宋会要辑稿·选举》二三之一二，第5684页上。

官与差遣的分离，意义之一在于使庸懦者不失给养，而精干员僚得以任事。但是，随之而来的员阙矛盾给铨选制度造成了不可低估的影响。从铨选条制本身来看，既重视对于官员治绩的考核，以期简拔才能；又强调对于资序的审验，以保证参选者凭年劳即可获得基本的入选条件。员与阙的一定差额，本来可以提供更多择优汰劣的机会；然而，二者差距过于悬殊，则导致无法甄别辨识。更重要的是，在当时的官僚管理体制中，用人权限过于集中，又缺乏有效的竞争机制，使得拔擢材能的合理目标在很大程度上落空。结果，“以次发遣，庶无留滞”成为除授工作的实际目标。铨选中的一系列程序，正体现了这种“保平稳，重眼前”的精神。

铨格如此繁密，自来被认为是有利于精熟此道的胥吏而不利于普通参选人的。实际上，大批常调参选者，一方面深受烦琐程式之苦，一方面又在尽力维护着细密的铨格。铨选条文及其中贯穿的“资序精神”之所以难于冲破，原因不仅在于国家决策阶层，不仅在于管理执行人员，同时亦在于大批被其审验的赴选人权衡利弊之下对于这套办法的拥护。构成官僚队伍主体的中下层官员，特别是那治绩平平的大多数人，在员、阙数额的强烈对比下，十分忧虑被沙汰的可能，内心期待着平稳升迁的前景。他们不仅要求依年限磨勘叙迁，更要求获得依次就任差遣的机会。在这一集团中，形成了一种特有的群体意识。他们与铨格的设计者一样，都希求一种不带任何个人色彩、不偏不倚且规定具体的拟注条例。在他们眼中，“功优善最”可望而不可即，“资序”却是一把实用而又过硬的标尺。这批人很少就程序的繁复、铨格的严密提出异议，而把满腹牢骚发泄在铨司不照章办事、胥吏上下其手而“注拟不均”上面。

当时，在士人心目中，普遍认为“以资格用人者，有司之法；以不次用人者，人主之权”[①]。因此，最被称道的判铨者是透彻了解并且身体力行铨曹条敕的人，如杜衍、苏颂；[②] 最反感的是立法之时“不肯公心明白，

① 〔宋〕吕中撰，张其凡、白晓霞整理：《类编皇朝大事记讲义》卷二《颁循资格》（上海：上海人民出版社，2014 年），第 63 页。

② 《欧阳修全集·居士集》卷三一《太子太师致仕杜祁公墓志铭》，第 468 页；〔宋〕朱熹：《三朝名臣言行录》卷一一之三《丞相苏公》，《中华再造善本》影印国图藏淳熙刻本（北京：北京图书馆出版社，2003 年），第 10b 叶。

留得这般掩头藏幸底路径”以应副亲旧者；[1]最严重的问题则是除授徇情而不以次。天圣年间，宰相张知白授意审官院为杨俦先次除注，被告发后“惊惋自失……因之抑郁数月而没”[2]。

为迎合参选者这种普遍心理，铨曹在调整条格之时，总要表白“公天下而诏永久”的意图。熙宁年间创行的八路定差之制，元丰时受到上官均等人的严厉抨击，其列举之主要罪名亦是“不均之弊”。[3]

北宋时，从身为宰辅的寇准到范仲淹乃至王安石，都曾力主用人不以次，却难以收到成效，特别是冲不破铨曹条制的强韧屏障，原因之一正在于“以次用人”有着广泛的社会基础，甚至受到大多数参选者的赞成。

宋代的荐举制度，为解决这一棘手问题、保证任职者质量提供了一条出路。对于这一制度及其作用，近年来已有一些详尽确当的研究成果。要之，这种方式，通过择、责举主，建立起一种上下责任网，受到了统治者

① 《朱子语类》卷一二八《法制》，第3073页。
② 《长编》卷一〇六，天圣六年二月壬午，第2466页。
③ 《宋史》卷一五九《选举五》，第3723页。

的充分重视，“凡要切差遣，无大小尽用保举之法”[①]，故有“国朝用人之法，一则曰举主、二则曰举主”[②]之说。从保举内容来看，多属被荐人的资格与治绩。但是，诚如司马光所说，“若非交旧，无以知其行能”[③]。因此，或仍难脱片面讲求资格之弊，或不可避免地带有家族、姻亲、地域、部旧、派别等关系网络的痕迹，有时更完全流于形式，徒增奔竞之风。

宋代“吏员多而待次者众，条目混淆，而胥吏得以因缘为奸”，这被认为是“选部之公患”。[④]这种状况的形成不是偶然的。高度集权的政治体制、以次用人的除授原则，使得详载资序、功过的案牍成为裁断先后的准绳。既然如此，自然无法单纯追究吏部长官的失职，无法一味责备他们对于胥吏的倚赖。熟悉条例、经办簿籍、洞悉处理诀窍的，毕竟是无数训练有素的“老吏”。

---

① 《欧阳修全集》卷一〇七《论两制以上罢举转运使副省府推判官等状》，第 1623 页。

② 《新笺决科古今源流至论·别集》卷七《举主》，第 9b—10a 叶。

③ 《温国文正公文集》卷五五《论监司守资格论举主札子》，《四部丛刊》初编影印宋绍熙刊本，第 1b—2a 叶。

④ 〔宋〕吕陶撰：《净德集》卷八《礼部郎中除吏部员外郎制》，丛书集成初编排印本（北京：中华书局，1985 年），第 80 页。

他们掌握着各种必需的信息，却不享有最终决定权；而被授予了权力的长官，若非有杜衍一般的才干，又往往缺乏对本职事务的具体了解，需要求助于士人们所不齿的吏人。铨选的主持者们明白，依例行公事去做，恪守体现“公平”的铨格，或许是不惹是非、不触众怒的稳妥办法。二者既相互戒备又相互携手，共同维护着吏部“铨衡、藻鉴之司”的门面。

制度在实施过程中的执行状况，与其纸面规定，往往有很大的差距。这不仅是由于胥吏舞弊，更是由于不正当的干预、多方面的牵制、恶劣的官场风习乃至腐败政治的扭曲等因素造成的。不过，从总体状况来看，摆脱了封闭的世族体制背景的宋代官僚选任制度，与前朝相比，无疑是更为开放了，并且形成了更为精密的运作程序，以其独特的努力进行着解决铨选中固有矛盾的尝试。这一体制，以恢宏的气度，吸引了无数社会各阶层有才识的精英作为中坚，收入了曾从不同方面为政权的安定与巩固作出过贡献的人，也容纳了大批无特殊才能及贡献之辈，以换取他们所属的社会集团对于赵宋王朝尽心竭力的支持。就其设官分职达到的相互维系、牵制之功能及缓解员阙冲突、依次发遣的平稳程度而言，这套安排基本是成功的；就其致力的重点以及达到的行政效率来看，却呈显出保守拘谨的态势，给后人遗留下一系列值得深思的问题。

原载《中国史研究》1989年第4期，略有修订。

宋代地方官员政绩考察机制的形成

在宋代历史上，中央王朝十分重视地方吏治，重视对于地方官员的考核与监察。在这里，考核主要是指人事行政系统对于地方官工作绩效的常规检查；而监察则主要是通过监察机构对于地方官不法行为的纠劾。

考课是推动国家机器正常运转的杠杆之一，对于保证各级官僚机构充分发挥统治效能、调动其治事积极性，有着不容低估的作用。以往对于宋代考课的研究，主要围绕考课机构、考课标准、黜陟奖惩等中心内容进行；而对于隐匿在这一系列表象背后的更深层次问题则涉及不够：例如，宋代对于地方官考课的实际施行状况、了解地方官治事“实绩”的途径等问题，已有的研究显然尚不充分。

宋廷以防弊之政为立国之本，对于“纠察官邪，肃正纲纪”[①]尤为重视。中央监察机构，主要是御史台和

① 《宋史》卷一六四《职官四·御史台》，第3869页。

谏院；而地方路级职能机构，特冠以“监司”之名，在管理本区域本部门事务的同时，皆“专举刺之事”。[1]近年间的研究，多集中在监察法规、台谏或监司的职能及其选任等方面，而对于中央对地方、监司对州县实施监察时的信息渠道等至关重要的问题，则涉及较少。

从宋代的实际运作状况来看，课绩与监察尽管各有侧重，却非判然两途。地方各路的监司既掌考课，又司监察；中央监察机构对于课绩事务的介入，也是相当积极普遍的。当时，对于官员治事绩效的正常考核，很大程度上被对于官员资考的勘验所冲淡、所取代；而在整肃吏治、督核官员方面，决策阶层所强调的，事实上是“考察”“按察”。也就是说，考课与监察的紧密结合，是督励百官尽职尽责的主要机制。

长期以来，宋史学界对于宋代课绩制度与监察制度的研究，分别取得了不少成果；不过，如果我们试图更为贴近宋代的历史现实，更为确切深入地把握当时中央对于地方吏治的督核状况，还必须从课绩与监察制度的

① 《文献通考》卷六二《职官考十六·提举学事司》，第1870页。

交汇、从其结合点来认识。本章就这一问题谈些粗浅的想法，向学界师友求教。

一、“课绩不实”问题的普遍存在与解决问题的思路

宋代统治者清楚考课之法的重要性，但从当年整体的政治实践来看，考课法在宋代处于相当尴尬的地位：一方面有再三再四的诏敕强调，另一方面却是始终难以振作的事实。

南宋陈渊在其《论考实》一文中说：

> 人主之道在乎知人，而知人之要莫若考实。[1]

在宋廷对于地方亲民官的考核过程中，最感棘手的

[1] 〔宋〕陈渊撰：《默堂先生文集》卷一四《论考实》，《四部丛刊》三编影印北平图书馆藏景宋钞本（上海：上海书店出版社，1936 年），第 3b 叶。

问题，显然是难以及时掌握充分、可靠的信息，难以确知官员的实际品行、才能与治事绩效。

在宋代，有关课绩的制度法规，在实施过程中宽纵旷弛，很大程度上成为具文。北宋庆历年间，欧阳修三上《论按察官吏状》，批评“从来臣僚非不言事，朝廷非不施行，患在但著空文不责实效。故改更虽数，号令虽烦，上下因循，了无所益”，呼吁朝廷派专人按察地方。[①] 南宋绍兴六年（1136 年），殿中侍御史周秘上言：“国家以十五事考校监司，以四善四最法校守令；保奏有违限，不实者有罪。而五六年间，惟成都、潼川路一尝奏到，其余诸路课绩并不申奏。法令废弛，能否无辨。”[②]

造成这类问题的原因，首先与朝廷“召和气”的主导思想、与当时因循苟且的政风有关。政令条文俱在，而主管部门玩忽职守，执行检查不力，使得制度法规形同虚设。

更值得注意的是，在宋代，即便是依照常规进行考

① 《欧阳修全集》卷一〇六《论按察官吏第二状》，第 1614 页。
② 《宋会要辑稿·职官》五九之一九，第 4652—4653 页。

课的地区、部门，也存在严重“考课不实”的问题。

就宋代考课法的操作而言，其严密之处，在于“官给历纸，验考批书”；[①] 印纸历子的批书内容是吏部核验的主要依据之一。与地方之“批书”相应，在中央权力机构又有考察功过“上簿”制。对档案数据的充分重视，一方面使得主管部门头绪繁多的工作有所依凭；另一方面也使得考核出现了程序化的倾向，过分倚靠字面记载。负责考课的部门只是根据课历等簿籍文案来决定课绩等第或“最”或“殿”，完全无暇顾及其记载的可靠程度。[②]

这样，对于地方官员之德行、才干与劳效的记载是否确实，即成为一个关键问题。当时，地方虚报治事绩效的情形十分普遍；监司批书州县官历纸，只写劳绩、不记拖欠；朝廷专门设立的“考校转运使副、提点刑狱课绩院”（考课院）本来应该掌握官员实际行为，结果却只是汇总档案，课绩“全无实状”。

---

① 《宋史》卷一五五《选举一》，第 3604 页。

② 本世纪浙江武义出土的徐谓礼文书，让学者有机会一窥南宋中期“历纸”的实际内容。参看拙作《再谈宋代的印纸历子》，载《国学研究》第三十二卷（北京：北京大学出版社，2013 年），第 1—33 页。

与“课绩不实”的实际情况并存的，是宋廷为“课绩求实”而做出的种种努力。

仅以北宋前期诸帝为例：宋太祖再三要求考课中必须“循名责实”；太宗下令关涉到书考的官吏都得签署姓名，以便做到“善恶无隐”；真宗施行磨勘引对之法，亲自在殿堂接见改官者，当面考查黜陟；仁宗“庆历新政”以澄清吏治为重点，加强了对于地方官员的按察；神宗更是兴利除弊，强调对所有的职任都予以考核，所有的课绩都要据实直书。

就考课制度的实施而言，“责实”努力的集中点在于要求文档尽量详尽，缺乏解决问题的新思路。宋廷要求在申报课绩时填写非常具体的“实迹”“实绩”，以便于日后核对。当时曾经规定，地方官员在任期间所采取的一切兴利除害措施，都必须各立条目，每一考都由当职官吏“从实批书”；官员在任期满，更需“精核”其治绩。监司郡守举荐部属时，也必须把所举之人的任内表现分条列目，逐一详细地写在荐举书上。

景德年间，宋真宗感到地方官员申报的“招辑户口”等数字多不属实，于是要求各转运司告谕所部：州县官批书历子时，必须写明原管主客户，每年若有流民归业者，须要“件析户口”；若能增添赋税，也得“明言实纳色额”，而不许笼统填报。[①]

宋徽宗大观四年（1110年）四月，吏部的考功员外郎吴时向朝廷呈递了一份奏章，他说，各路监司对于州县守令的考课内容，虽然声称是“具实迹保奏”，事实上往往不够具体。他建议，在申报劳绩时：

> 如有开耕荒田，须具所属乡分、人户姓名，元初荒废因依；其招集到民户，并指定实户数目，不得泛言若干余户，仍具何年月因水或旱流移。若内有开垦到荒田数目，亦须声说是与不是抛弃元业，合行给付；即有栽植过桑等，并须开具于是何去处栽植，有无妨碍稼穑，见今有无青活。[②]

朝廷下令依此执行。虚报成绩，漏落过犯，一经查出，

① 《宋会要辑稿·职官》五九之五，第4638页下。
② 《宋会要辑稿·职官》五九之一四，第4647页下。

即予惩罚。

在南宋《庆元条法事类》卷五《考课》中，首先引述了关于“诸监司考课事应互申”的规定；在其后的《监司考课事件》中记载着对于监司的十五项考核内容，并且录有当时的《考课式》，其中详尽规定着申报监司课绩的表述方式。

在按照固定式样填写之后，申报单位必须保证：

> 前项委实并无隐漏增减事件，保明并是诣实。如后异同，甘伏朝典。[①]

即便有上述种种规定，申报的“实绩”不实的现象仍然严重存在。造成“考课不实”的因素无疑是多种多样的。有关制度的不健全，对于执行状况监督检查不力，主管官员敷衍塞责，各个环节的营私舞弊……都是不容忽视的问题。而其中特别值得注意的，正是宋廷关于考核制度规定本身的不合理，以及这一制度执行过程中的

① 《庆元条法事类》卷五《职制门·考课》，第76页。

拘执刻板，从根本上违背了“考课求实”的精神。当时的课绩定等，在很大程度上受到中央统一颁布的常规定制所约束，留给地方主考官员的活动空间相当狭窄；根据职务等既定因素而非实际表现，对绝大多数官员书以固定的“常考”，全然缺乏针对性与指导意义。能力、绩效互异，考第却无不同。这显然限制了课绩“考实”的可能性。[①]

从这一角度，我们注意到宋代考课法中“务实”精神的极大局限性：考课法规的制定者，是人事部门的行家里手；他们所制定的具体施行方式，往往充分考虑到了中央与地方人事部门的实际处理能力，而不是真正从基层社会状况与官员绩效的现实出发的。把考第区分与职任捆绑，在减轻了考课主管官员压力的同时，牺牲了“循名责实”的原则，助长了主考与被考双方不负责任、应付虚文的因循习气。

从《长定格》的规定来看，各级官员尽管平时按照“常考”定等，而当他们任满离职时，应当综合表现，

① 参见拙作《宋代文官选任制度诸层面》第三章第三节《考课法在宋代的实施状况》（石家庄：河北教育出版社，1993 年），第 78—83 页。

据实定考。事实上，这也很难真正得以贯彻。离任官员所得的课绩等第，往往与其人际关系等因素直接有关。这更使得“考课不实”成为官僚政治中的一大公患。

宋仁宗天圣七年（1029年），庞籍在其奏章《上仁宗答诏论时政》中揭露“考课不得其实”的状况说：

> 考课之制备存令典，景行功罪不容隐私。今内外之官虽有课历，率无实状。盖由刺举之官或昧于察廉，或徇于私曲，推劳举过，多失于公实。意有发擿则果桃成赃；情在容掩则吞舟漏网。考课之司但据课历以入升殿之科，无缘察其真伪。……故有干廉在公而偶罹文法者，考司即为有过，而降殿之典行矣；诛剥害民而赃状不露者，考司即为无瑕，而升赏之恩及矣。如此则降之或在非辜，既无以戒恶；赏之或在有罪，又无以观能。实由任选之道不精，阿纵之法不严，察举之官不惧故也。[1]

---

① 〔宋〕庞籍：《上仁宗答诏论时政》，《宋朝诸臣奏议》卷一四六《总议门》，第1666—1667页。

当时，类似的议论很多。庞籍这番话，在批评课历无实、考司失察的同时，也提醒我们注意，当时的“考课”与“刺举”有着直接而密切的关系。

宋代的决策者们看到，完全倚仗层级式的常规考核难以掌握官员的治事实绩；较之规矩刻板的批书印纸，监察制度的实施相对活跃而有针对性。不过，对于大量官员、大量日常事务的督核，显然不能只依靠监察部门。于是，一方面有考课方式的内部调整，一方面在实施中突破了考课与监察的畛域界限，使监察手段渗透到考核之中。

总之，产生于唐代中叶的《循资格》，使得文官选任中依据的重心发生了转移：官员仕宦生涯的黜陟，并非倚重他们的课绩；“岁月序迁”的原则极大地影响着“循名责实”原则的实施。与此同时，还应该看到，考课法不振，并不意味着地方官员任内的实际表现完全无人过问；在这一时期中，多层多途考察的方式已经充分发展起来。宋代的“能吏”，有许多是通过“荐举”等途径崭露头角的；而对于官僚得失的督核，也主要通过大为加强的中央与地方考察机制进行。

二、考察：考课与监察的结合

监察与考课互补的趋势由来已久。常规考课是通过自下而上的多层次进行的，一旦信息传递的链条出现缺环，朝廷即无从自上而下把握住国家的统治命脉。历代王朝的决策阶层长期进行着多方面的尝试，力图建立有效而可靠的信息网络。监察与考课的紧密结合，正是这一努力的结果之一。

《宋史》卷四二六《循吏传》在总结宋代促使循吏出现的原因时说：

> 宋法有可以得循吏者三：太祖之世，牧守令录躬自召见，问以政事，然后遣行，简择之道精矣；监司察郡守，郡守察县令，各以时上其殿最，又命朝臣专督治之，考课之方密矣；吏犯赃遇赦不原，防闲之令严矣。[1]

① 《宋史》卷四二六《循吏传》，第 12691 页。

这里扼要概括了宋代精选任、密考课、严防范三者结合的肃清吏治方式，这正反映了“考察”地方亲民官员的主要内容。

如何及时掌握充分、可靠的信息，了解官员的实际品行、才能与治事绩效，是宋廷无法须臾释怀的问题。朝廷从制度设施、运作举措两方面入手：以行政、监察机构为主，业务部门投入，建立各自相对独立、多层多途错落纵横的考察渠道；中央对于考察过程密切关注、直接调控，随时采取有针对性的处置措施。

在宋代，由常设机构进行的纵向常规考察，既包括定期的逐层日常考课，又包括不定期的经常性巡访按察；还有中央业务部门对于地方相应机构的专业性考核，以及各司各部各级磨勘勾检系统的稽查覆验；横向的常规考察，主要是诸司、诸州之间的互查互申。除此之外，下级官员对上级的检举、同级官员之间的揭发、后任官员对于前任绩效的检验，都是考察网络的组成内容。在常规考察渠道之外，还有朝廷派专使进行的考察。专司监察的台谏系统，监督并且参与着考察机制的运行过程。受理吏民词讼的登闻鼓院、登闻检院、理检院，也成为朝廷了解地方吏治的重要孔道。[①]

不同系统的众多机构、相互交错的多条途径，共同参与对地方官员的考察工作，主要目的在于减少信息虚假、来源梗阻的可能性；通过考察权的分立，试图达到多方位验证信息的目的，以最终实现人事管理权的集中操控。

就考察机制的运作方式而言，中央经常布置针对社情民意的“体察”“采访”，强调诸司协同“会问”，注意多层面的“点检”、上下级间或者不同隶属开系之间的“体量”，甚至特派专使进行“勘验”，以便尽可能复核所掌握信息之可靠程度。

宋代在地方上负责行政事务的亲民官，是考察的重点对象。他们依路、州、县级别之不同、具体管辖的事务之不同，分别受到来自不同层次、不同系统、不同部门的核查。而这一群体中的相当部分，自身又是按察官员。《庆元条法事类》卷七“监司知通按举”条引《名

① 参见拙作《课绩·资格·考察——唐宋文官考核制度侧谈》（郑州：大象出版社，1997年）。

例敕》云：

> 诸称监司者，谓转运、提点刑狱、提举常平司；称按察官者，谓诸司通判以上之官（发运、转运判官同）及知州、通判各于本部职事相统摄者。[①]

按察官的主要职责，一是“察”，即发擿谬懦，按劾奸赃；二是“举”，即综汇善政、荐举循吏。从当时考察的内容可以看出，朝廷经常关注的，是对于地方官劣迹弊政（诸如贪赃营私、科扰暴虐、莅官无状、按举不公等）的纠正与查劾。

对于地方州县官员的考察，监司担负着重要的作用。宋仁宗嘉祐二年（1057 年）四月的《诫励提转诏》中，开宗明义地说：

> 朕惟天下之重，不可独治，付之郡守、县

① 《庆元条法事类》卷七《职制门·监司知通按举》，第 128 页。

> 令而已；郡守、县令之贤与不肖，不可遍知，付之转运使、提点刑狱而已。[1]

尽管如此，在考察地方官吏时，宋廷并不专一倚重本路监司；而经常是通过不同的系统独立检举、相互核查，以求得验证。往往同一案例，监司检按之后，又由御史台或其他相关部门复核；或者御史揭发之后，再令监司查实。

真宗年间，曾经担任东明知县以至于河东提刑的范航，数任之内一贯以贪狠狡蠹著称。大中祥符八年（1015 年）六月，他在知齐州时期的不法事件，受到本路提点刑狱滕涉、常希古的按劾；提刑司又张贴榜文，号召吏民检举揭发，得到范航罪状数十条。朝廷并未满足于监司的举按，进而派遣御史李竦前往鞫讯得实，于是将他发配到了沙门岛。[2] 仁宗嘉祐四年（1059 年）七月，台谏奏报说，知寿州孙沔过去在杭州、并州任内违法；为慎重起见，朝廷又下令有关诸路调查，“逐路

① 《宋大诏令集》卷一九三《政事四六 · 诫饬四》，第 710 页。

② 《宋会要辑稿 · 职官》六四之二三，第 4777—4778 页。

按得其实”，才予以贬责处分。[①]

也有一些朝廷特令邻近路分监司或州郡长官复查的案例。元丰二年（1079 年）十月，荆湖北路转运判官马瑊违法，朝廷派相邻的京西路转运判官胡宗回负责按治。[②]政和二年（1112 年）十一月，应和当时朝廷上下侈谈“祥瑞”的流俗，知太原府梁子野声称本处生长出“嘉禾”，要向朝廷贡进；本路提刑司举发了梁某的作伪伎俩，徽宗下诏由“邻近州军取勘”。[③]宣和二年（1120 年）十一月，因为有些州县违欠二税，宋廷命令各转运司派遣相邻州郡“不干碍官”前去属县调查取证，核对缴纳盈亏数目，向上级申报保明，再由转运司覆实，然后确定知州、通判、县令、县丞的功过殿最。[④]淳熙八年（1181 年）十一月，知汉州雍有容因为四川制置使陈岘按劾他“贪黩奸秽”而被放罢，宋廷又命令“潼川府路提刑司根勘，具案以闻”。[⑤]

① 《宋会要辑稿·职官》六五之一八至一九，第 4807—4808 页。
② 《宋会要辑稿·职官》六六之九，第 4828 页。
③ 《宋会要辑稿·职官》六八之二六，第 4887 页。
④ 《宋会要辑稿·职官》五九之一七，第 4650 页。
⑤ 《宋会要辑稿·职官》七二之三一，第 4985 页。

任职于地方的重要官员，如若课绩比较特出，朝廷有时会专门派人前往复核。乾道七年（1171 年）六月，太府寺主簿赵思被派去淮东核实种麦亩数，就是因为前任知扬州晁公武上报，所部六年间栽种麦类二万六千二百二十四顷有余。晁公武本人即淮南东路的安抚使，身兼按察重任。宰相虞允文等人派赵思去实地覆按，以防上报的政绩存在夸大不实之处。赵思回朝后，孝宗亲自询问了复查结果，并且和辅臣们商讨了考核求实的办法。[①]

对于专门派出考察地方官员政绩的特使，宋廷也存有戒备之心。熙宁末年，朝廷曾经下诏说，在出外察访体量公事的特使中，如果有人任意违法，允许被巡察路分的监司“觉察闻奏”。当时的侍御史周尹，上疏批评这种做法是本末倒置，与其如此，不如慎重行事，少派特使外出。[②]

这些事实，都反映出宋廷既重视按察官员，又防范

① 《宋会要辑稿·职官》五九之二六，第 4659—4660 页。

② 〔宋〕周尹：《上神宗乞重使者之任》，《宋朝诸臣奏议》卷六六《百官门》，第 735 页。

按察官员，不专信某一系统、某一按察官员的做法。“任用”与“防范”并举，正是“事为之防，曲为之制”主导思想之下的产物。通过不同系统的按察官员，对于为数众多的地方官吏进行多途考察，也正是这一原则指导下的合理结果。

总的说来，宋代对于官吏的考察有一套系统的制度。考察通过多条途径进行：基本上定期进行的常规考课与因事因时进行的特诏巡查、随时随地进行的监督检劾并行互补。考察方式多样：有批书印纸、课绩定等，有廉访会问、他司覆按；考察中动员了多层多类机构与官员参与，考察的结果向官员本人公开……以求得多种信息来源的相互印证，求得考察中相对的准确与公平。

尽管宋代统治者在通过考察追求“实绩”方面下了许多功夫，也取得了一些效果，但当时的朝野人士都很清楚，“实绩”不实的状况始终普遍存在，远远未能从根本上解决。

考察不实的原因是多方面的。首先，宋代的考察制度，规定不够合理、不够健全。考察中，政策性、时效性比较强，而稳定性比较差；考察的重点、评估的标准，都容易随着政治风云的变幻而波动。考察中产生的是是非非，往往随朝廷政策方针的转向而难定取舍。庆历时，范仲淹等人力主“去谬吏而纠慢政”，希望大刀阔斧地革除弊端。[①]而当“新政”失败之后，他们所选用的按察官员也都随之失势。江东转运使杨纮、判官王绰、提点刑狱王鼎，都因“亟疾苛察”，相继受到责降。[②]

其次，宋代有关考察的命令虽多，执行、检查却不得力。下不举，上不究；上不查，下不报。地方监司等长官观望因循的记载比比皆是，这使得许多规定事实上成为一纸具文。南宋高宗时，枢密院编修郑刚中说：

> 朝廷施行一事，付之监司，监司付郡守，郡守付县令。各了一司文移之具，不问其有无实惠及民。……美意一颁，天下知其为虚设尔。盖欺罔诞谩之弊，至今不革，广设文具，应办目前，仿佛近似，以报其上。[③]

① 《长编》卷一五一，庆历四年七月丙戌，第 3671 页。
② 《长编》卷一六〇，庆历七年四月己酉，第 3869 页。
③ 《历代名臣奏议》卷一七二《考课》，第 2259 页上。

此外，由于地方与中央之间不可避免的利益差异甚至冲突，地方执行中央指令的程度自然不同。更因为考察结果直接与官员前途相关，地方官之趋利避害倾向表现得格外突出。不少人不肯在基层踏实苦干，却不惜饶费心机以应付检查。他们尽量避免对自己不利的信息传至朝廷，甚至蓄意编造“政绩”；更有甚者，上级察访士民舆论，下级则怂恿寄居官员、士人、上户举扬个人“德政”。[1]所谓“官员造材料，材料出官员”“上下相蒙”的状况，正是这样产生的。而上层统治者的浮躁虚夸心理、对于“承平盛世”不切实际的追求与渲染，更助长了这种风气。

北宋中后期，监司在按察本路州县时，经常事先通知下属即将“按行”“指摘”“点检”的事由，号称“刷牒”。州县官吏接到通报，必须预先作好准备。这就为下级敷衍上级按察造成了必要条件。所谓“检按不严”“检按失实”的状况，自然如影随形般产生出来。[2]

① 〔宋〕幔亭曾孙编，〔明〕张四维辑，中国社会科学院历史研究所宋辽金元史研究室点校：《名公书判清明集》卷一《禁戢部民举扬知县德政》（北京：中华书局，1987年），第37页。

② 《宋会要辑稿·职官》四五之一三，第4239—4240页。

任职于地方的官员们，利益纠结、荣辱相关，有的作伪虚报、有的合谋隐瞒，共同对付检查。南宋绍兴年间曾任成都路转运副使的陶恺，身为本路主要按察官员，“承总领所取会储蓄钱物，而恺辄令诸州隐蔽，不实供报”[①]。这种事例并非偶然。

执行考察事务的按察官员，其个人素质在很大程度上影响着考察的结果。[②]有些按察使者，观望朝廷意旨，以决定个人动向，或“矫察”或“苟且”。[③]北宋元祐时，御史中丞刘挚就曾经指出：对于地方官员的课绩，经常显现出严重的偏颇：朝廷强调“考察名实”，多途综核，就容易出现刻急浅迫的行为；强调“施行教化”，行宽厚之政，必定会出现舒缓苟简的倾向。[④]有些按察官员为邀求一己“强干”之名，搜抉他人细过，搞得地方上纷纷扰扰；而另外一些，出于私人关系，或过誉、或捃拾，或者邀贿乞觅……由类似原因造成的考察不

① 《宋会要辑稿·职官》七〇之三二，第4933页。

② 《包拯集校注》卷一《请不用苛虐之人充监司》，第25—28页。

③ 〔宋〕尹洙撰：《河南先生文集》卷二《矫察》，《四部丛刊》影印上海涵芬楼藏春岑阁钞本（上海：商务印书馆，1929年），第7b—8a叶。

④ 〔宋〕刘挚撰，裴汝诚、陈晓平点校：《忠肃集》卷六《论监司奏》（北京：中华书局，2002年），第123页。

实也处处存在。

宋徽宗政和二年（1112年）十月，有臣僚揭发说：

> 窃见今日官吏，其内外亲属之有权者，玩法如无法，视监司长吏如无人。且监察御史，台属也，近者高宇为之；其兄高定令襄之宜城，恣横不法、贪污害民，刺举按察之官非独不绳其罪，又且荐其材。以监察御史之势，已能屈陛下至公之法，况宰相、执政、左右近侍之亲戚乎！[1]

很明显，在宋代，国家有考察网络，官吏有关系网络。这使我们看到一帧多维的立体画面：一方面，官员们不得不置身于纵横交错的公共考察网络之下；另一方面，与考察网络交叉互动的，又有形形色色、四通八达的个人关系网络。前者调动着官僚体制下的几乎全部力量，组织浩繁，声势恢宏，却仍然难以确知官员的“实绩”，

① 《宋会要辑稿·职官》四五之七至八，第4236—4237页。

难以确保政令的畅通；后者不露声色，却在那一时代中发挥着颇为实在的作用。

各个系统的多种机构介入考核，如若综合协调不力，所带来的问题也是显而易见的。政出多门，重复搜讨，使得基层无所适从，反而促使地方官设法应付；此外，缺乏统一高效的信息处理机制，又使得不少官方或民间资料的搜集落得徒劳无功。在这种状态之下，考察途径多样化带来的益处，事实上得不到充分发挥；而与机构重叠、众说纷纭相应的反馈处理效率低下，又成为两宋难以治愈的痼疾。

原载《庆祝邓广铭教授九十华诞论文集》，题为《略谈宋代对于地方官员政绩之考察机制的形成》，石家庄：河北教育出版社，1997 年，略有修订。

著述年表

著作

1.《宋代文官选任制度诸层面》，石家庄：河北教育出版社，1993 年；2021 年中华书局修订再版。

2.《课绩·资格·考察——唐宋文官考核制度侧谈》，郑州：大象出版社，1997 年。

3.《祖宗之法：北宋前期政治述略》，北京：生活·读书·新知三联书店，2006 年；2014 年修订再版；2025 年修订二版。

4.《朗润学史丛稿》，北京：中华书局，2010 年。

5.《宋代历史探求：邓小南自选集》，北京：首都师范大学出版社，2015 年。

6.《长路：邓小南学术文化随笔》，北京：北京师范大学出版社，2020年。

7.《追寻希望》，上海：商务印书馆，2024年。

主编

1.《唐宋女性与社会》（上下），邓小南、荣新江、高世瑜主编，上海：上海辞书出版社，2003年。

2.《台湾学者中国史研究论丛》（共13个专题14册），邢义田、黄宽重、邓小南主编，北京：中国大百科全书出版社，2005年。

3.《政绩考察与信息渠道：以宋代为重心》，北京：北京大学出版社，2008年。

4.《宋史研究论文集（2008）》，邓小南主编，林文勋、吴晓亮执行主编，昆明：云南大学出版社，2009年。

5.《宋史研究论文集（2010）》，邓小南、杨果、罗家祥主编，武汉：湖北人民出版社，2011年。

6.《宋史研究论文集（2012）》，邓小南、程民生、苗书梅主编，开封：河南大学出版社，2014 年。

7.《宋史研究论文集（2014）》，邓小南、范立舟主编，北京：中国社会科学出版社，2016 年。

8.《政令·文书·信息沟通：以唐宋时期为主》，邓小南、曹家齐、平田茂树主编，北京：北京大学出版社，2012 年。

9.《中国妇女史研究读本》，邓小南、游鉴明、王政主编，北京：北京大学出版社，2012 年。

10.《过程·空间：宋代政治史再探研》，邓小南主编，曹家齐、平田茂树副主编，北京：北京大学出版社，2016 年。

11.《宋史研究诸层面》，邓小南主编，方诚峰执行主编，北京：北京大学出版社，2020 年。

后记

这本小书中选入的六篇文章，是 1986 年至 1997 年间的旧作。那段时间，我自研究生毕业后，在北京大学历史系任教。除讲授基础课程外，个人关注的重点一直在于宋代的文官制度，尤其是官员的任用与考核制度。[1]

2018 年秋，应陈平原教授主编的“三联人文书系”盛情邀约，准备选择几篇文章结集出版。中间由于个人的拖延，直到今天才选编成书。重整旧作，一方面担心其内容过时；另一方面却也觉得，当初的研究方式，即便在今天数字化盛行的学术氛围中，或许仍有一份

① 其后有些内容融入了《宋代文官选任制度诸层面》一书，见河北教育出版社 1993 年、（北京）中华书局 2021 年版。

价值。

历史学，实际上是一门实践性很强的学问。史料面的拓展（官方文献、民间数据、历史语言、口述、图像、考古发现等等），书斋阅读、田野考察、思考体味、学术对话、撰著修订……都是研习实践的过程。历史学离不开材料，离不开对材料的追问、延展和辨析。从这个意义上讲，“史学就是史料学”的说法，无疑有其道理。所谓“史料学”，自然是有关史料搜集、研读、辨析乃至批判的核心知识与方法，这些正是历史学得以成为“学问”的基础。

在没有电子检索的年代，学人对于材料的使用或许没有那么轻易而“奢侈”，在研读思考过程中，或许更注重关键材料的“咀嚼”“回味”与“反刍”。当年的用功，是效仿前辈先生，在基础处下力。材料不是靠关键词搜讨得来，叙述结构便也不仅依靠关键词组织连缀。这样的文章，思路的延伸骨架可能比较清晰，论证的主干脉络可能比较顺畅。

本书六篇论文的排序方式，基本上是依照文官制度演变和运行的“逻辑”安排的。《北宋前期任官制度的形成》讨论从唐代到宋代“官”与“差遣”分离发展的由来，进而观察北宋时期任官制度的形成过程及其特点；中古官员任用过程中，“资”（门资、年资等）始终是依凭的重要根据，《北宋的循资原则及其普遍作用》基本是自唐代《循资格》谈起，关注循资“精神”在宋代的膨胀及演进；在此基础上，《宋代资序体制的形成及其运作》试图厘清宋代“资”与“资序”的关联与分立，继而研究宋代官员职任升进的体系性依据；其后两篇文章——《北宋文官磨勘制度初探》《宋代文官差遣除授制度研究》，则分别自磨勘制度和任用制度两方面，探讨了宋代本官叙迁和差遣除授的主导理念与制度流程；《宋代地方官员政绩考察机制的形成》一文，自课绩与监察的结合入手，追踪宋廷对于在职官员的考察机制及其问题。

细心的读者或许会注意到，六篇论文中，对于循资原则、磨勘制度的讨论是最先写成发表的，这两篇文章所关注的，实际上与宋代标识官员身份的“本官”制度直接相关；接下来对于设官分职的人事格局，对于与官员职责相关的资序制度、除授制度的讨论，则是侧重于“本官”“差遣”二者分立的溯源以及制度的设计实施。

最后一篇对于官员政绩考察机制的讨论，意在综合观察驱策百官的方式及制度运行的实际状态。文章撰写发表的次第，事实上反映着笔者问题意识的转进以及追寻宋代文官选任制度原委的步步足迹。

本书编纂过程中，北京大学历史系博士生吴同、郭洋辰等多位同学不避繁复，协助重新核对了史料，在此一并致谢。

最后应该说明的是，六篇文章毕竟都是多年前写成，虽然感觉有所呼应，自成一说，因而不揣谫陋再度呈现；但近二三十年来海内外学界研究视野日益开阔，研究手段日益丰富，讨论更加详尽准确的新成果源源不断，“芳林新叶催陈叶，流水前波让后波”，这才真正让人有所期待。

邓小南

2021年6月6日